성경 통독 지도

천주교 서울대교구 사목국 지음

성경 통독 지도

2021년 11월 29일 교회 인가
2021년 12월 25일 초판 1쇄 펴냄
2026년 1월 25일 초판 14쇄 펴냄

지은이 · 천주교 서울대교구 사목국
편찬 위원 · 김광두 신부, 노현기 신부, 조성풍 신부(가나다 순)
지도 제작 · 박민혜
삽화 · 송현철
감수 · 최광희 주교, 김상우 신부, 안승태 신부, 이정민 신부, 이주형 신부, 허규 신부(가나다 순)

펴낸이 · 정순택
펴낸곳 · 가톨릭출판사
편집 겸 인쇄인 · 김대영
본사 · 서울특별시 중구 중림로 27
등록 · 1958. 1. 16. 제2-314호
전화 · 1544-1886(대표 번호)
지로번호 · 3000997

ISBN 978-89-321-1814-7 03230
값 8,000원

성경 통독 지도

가톨릭출판사

차례

일러두기

◎ 《성경 통독 지도》는 몇 가지 원칙 아래에서 제작되었습니다.

1) 지명, 인명 등 고유명사는 한국 천주교 공용 《성경》을 기준으로 하였습니다.
2) 외래어의 음역은 외래어 표기법을 준수하였습니다.
3) 각 지도 우측 상단에 표시한 성경 목록은 구약 성경의 경우 작중 연대를 기준으로 하였으며, 신약 성경의 경우 저작 연대를 기준으로 하였습니다.
4) 성경의 작중 연대 및 저작 연대와 바오로 서간의 친저성 여부와 이에 따른 저작 연대 구분은 《주석 성경》(한국천주교주교회의)을 기준으로 하였습니다.

◎ 성경 통독 방법과 이에 따른 《성경 통독 지도》 사용법

성경은 하느님께서 우리에게 들려주시는 하느님의 말씀이자 사랑의 편지입니다. 또한 당신이 창조하신 인간의 구체적인 역사 안에 현존하시면서 그들을 하느님 나라, 구원으로 이끄시는 이야기입니다. 《성경 통독 지도》에서는 성경을 읽고 묵상하는 데 도움이 되고자 이스라엘 백성의 역사를 기준으로 구체적인 삶의 자리가 어디이며, 어떠한 상황 속에서 살아가고 있는지를 《성경 통독 지도》를 통해서 살펴볼 수 있습니다. 또한 이때 하느님께서 들려주시는 말씀이 무엇인지를 알 수 있도록 각 지도에 해당하는 성경을 표시하였으며, 성경의 내용을 간략하게 스토리텔링으로 정리하였습니다.

성경을 읽고 묵상하는 데 도움이 되고자 성경을 통독하는 대표적인 4가지 방법과 함께 이 책의 사용법에 대해서 안내드립니다.

1) '성경 목차'에 따른 통독
2) '신약 → 구약' 순서에 따른 통독
3) '이스라엘 백성의 역사 순서'에 따른 성경 통독
4) '요한 1서를 시작으로 하는 신약 → 구약 연대기 순서'에 따른 통독

1) '성경 목차'에 따른 통독

현재 우리가 보고 있는 《성경》의 목차를 보면 문학 유형에 따라 구약은 오경 · 역사서 · 시서와 지혜서 · 예언서로, 신약은 복음서 · 사도행전 · 서간 · 묵시록으로 분류하고 있습니다. 창세기부터 시작해서 요한 묵시록에 이르기까지 73권의 성경을 목차에 따라 천천히 읽어 가면 동일 문학 유형 안에서 하느님께서 우리에게 들려주시는 말씀을 발견할 수 있습니다.

구약 성경

시작

1 • 창세기	11 • 열왕기 상권	23 • 시편	35 • 호세아서
2 • 탈출기	12 • 열왕기 하권	24 • 잠언	36 • 요엘서
3 • 레위기	13 • 역대기 상권	25 • 코헬렛	37 • 아모스서
4 • 민수기	14 • 역대기 하권	26 • 아가	38 • 오바드야서
5 • 신명기	15 • 에즈라기	27 • 지혜서	39 • 요나서
6 • 여호수아기	16 • 느헤미야기	28 • 집회서	40 • 미카서
7 • 판관기	17 • 토빗기	29 • 이사야서	41 • 나훔서
8 • 룻기	18 • 유딧기	30 • 예레미야서	42 • 하바쿡서
9 • 사무엘기 상권	19 • 에스테르기	31 • 애가	43 • 스바니야서
10 • 사무엘기 하권	20 • 마카베오기 상권	32 • 바룩서	44 • 하까이서
	21 • 마카베오기 하권	33 • 에제키엘서	45 • 즈카르야서
	22 • 욥기	34 • 다니엘서	46 • 말라키서

1 • 마태오 복음서	8 • 코린토 2서	15 • 티모테오 1서	22 • 베드로 2서
2 • 마르코 복음서	9 • 갈라티아서	16 • 티모테오 2서	23 • 요한 1서
3 • 루카 복음서	10 • 에페소서	17 • 티토서	24 • 요한 2서
4 • 요한 복음서	11 • 필리피서	18 • 필레몬서	25 • 요한 3서
5 • 사도행전	12 • 콜로새서	19 • 히브리서	26 • 유다서
6 • 로마서	13 • 테살로니카 1서	20 • 야고보서	27 • 요한 묵시록
7 • 코린토 1서	14 • 테살로니카 2서	21 • 베드로 1서	

2) '신약 → 구약' 순서에 따른 통독

우리 신앙에 있어서 가장 중요한 것은 예수님을 그리스도라고 고백하는 것입니다. 그렇기에 예수님이 누구이신지 알 수 있도록 가장 먼저 작성된 마르코 복음을 시작으로 복음서를 읽으면서 예수님을 직접 만나고, 그 후 사도행전과 서간 등을 통해 예수님을 만난 제자들의 증언과 선교 활동을 바라보며 예수님을 통해 이루신 하느님의 구원 계획을 이해하는 것이 중요합니다. 그 뒤 구약을 읽으면서 하느님의 구원 약속, 하느님의 선택 그리고 이스라엘 백성과 맺으신 계약을 알아보고, 옛 계약인 구약이 신약의 예수 그리스도를 통해서 완성됨을 이해할 수 있습니다. 그리고 마지막으로 요한 묵시록을 보면서 박해와 어려움 속에서도 흔들림 없이 신앙을 고백하며 살아갈 수 있는 종말론적인 희망을 고백하게 됩니다. 이러한 통독 방법은 그리스도교에 입문하는 예비 신자들에게 적합합니다.

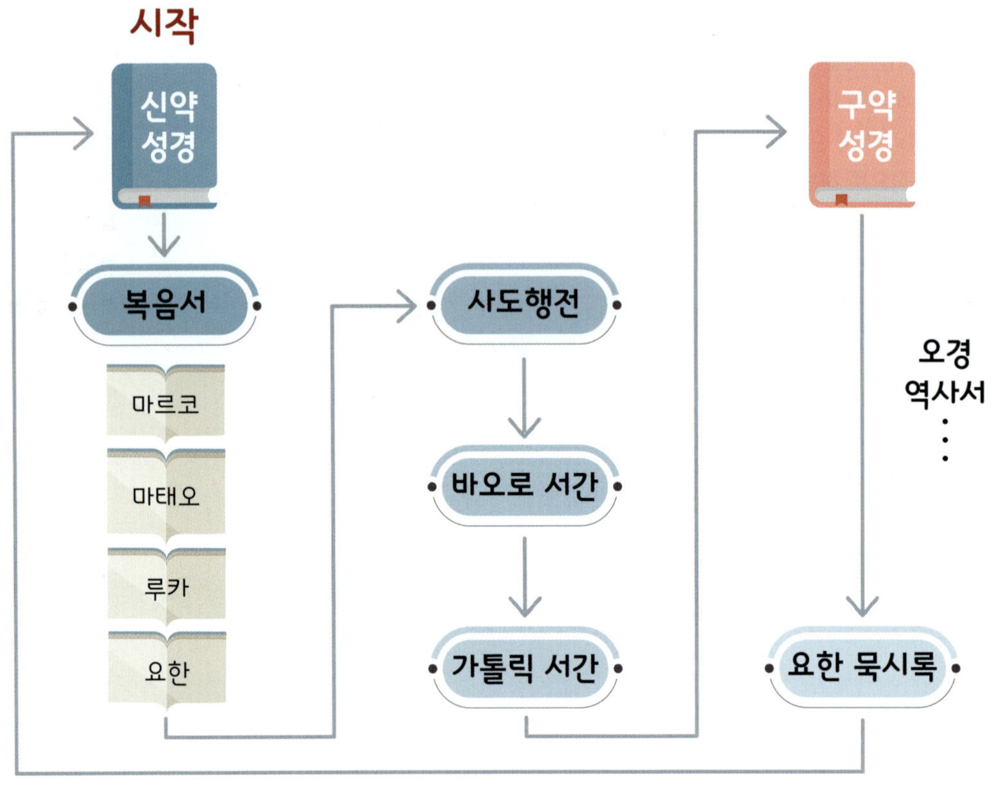

3) '이스라엘 백성의 역사 순서'에 따른 성경 통독

성경은 하느님께서 선택하신 이스라엘 백성의 역사 안에서 계시하시는 하느님의 말씀을 전해 주고 있습니다. 따라서 이스라엘 백성이 어떠한 역사적 상황 속에 놓여 있는지, 그들을 둘러싼 주변 환경은 어떠한지를 이해하면서 성경을 바라볼 때 구체적인 삶의 자리에 함께하시면서 들려주시는 하느님의 말씀을 생생하게 이해할 수 있습니다. 성경 각 권을 시대순으로 재배열해서 통독을 하게 되면 연대기에 따라 성경을 읽을 수 있으며, 인과 관계에 따라 전후 맥락을 이해할 수 있습니다.

※ 다음 장 '한 눈에 보는 이스라엘의 역사와 신 · 구약 성경' 참조

4) **'요한 1서를 시작으로 하는 신약 → 구약 연대기 순서'에 따른 통독**

요나 아빕의 성경 통독 방법으로, 구원에 대한 확신을 전하는 요한 1서를 시작으로 신약과 구약을 읽는 방법입니다. 73권의 성경 가운데 구원에 대한 가장 강력한 확신을 표명하는 요한 1서와 요한 복음서를 먼저 읽은 뒤 신약과 구약을 연대기 순서대로 읽고 마지막으로 레위기와 신명기를 읽으면서 우리는 우리가 믿고 따르는 하느님께서 주시는 구원의 약속을 확신하게 됩니다. 그리고 이를 위해 삶에 새로운 질서를 구체적으로 정립하게 되며, 분명한 신앙 고백을 봉헌하게 됩니다. 시편은 성경의 기록된 순서와 상관없이 하루 한 편을 읽으시면 됩니다. 이러한 통독 방법은 신앙생활에 대한 조예가 깊으며, 성경 통독을 1회 이상 해 본 적이 있는 사람들에게 적합합니다.

성경

시작

1 • 요한 1서(2번 읽기)
2 • 요한 복음서
3 • 마르코 복음서
4 • 바오로의 짧은 서간들
5 • 루카 복음서
6 • 사도행전
7 • 로마서
8 • 마태오 복음서
9 • 코린토 1서, 코린토 2서
10 • 히브리서
11 • 야고보서
12 • 베드로 1서, 베드로 2서
13 • 요한 2서, 요한 3서
14 • 유다서
15 • 요한 묵시록
16 • 요한 1서(세 번째 읽기)
17 • 요한 복음서(두 번째 읽기)
18 • 창세기
19 • 탈출기
20 • 민수기
21 • 여호수아기
22 • 판관기
23 • 사무엘기 상권
24 • 사무엘기 하권
25 • 열왕기 상권
26 • 열왕기 하권
27 • 아모스서
28 • 호세아서
29 • 제1이사야서(1-39장)
30 • 미카서
31 • 나훔서
32 • 스바니야서
33 • 하바쿡서
34 • 예레미야서
35 • 애가
36 • 에제키엘서
37 • 오바드야서
38 • 제2이사야서(40-55장)
39 • 역대기 상권
40 • 역대기 하권
41 • 에즈라기
42 • 느헤미야기
43 • 하까이서
44 • 즈카르야서
45 • 제3이사야서(56-66장)
46 • 말라키서
47 • 요엘서
48 • 요나서
49 • 룻기
50 • 토빗기
51 • 유딧기
52 • 에스테르기
53 • 잠언
54 • 집회서
55 • 아가
56 • 욥기
57 • 코헬렛
58 • 마카베오기 상권
59 • 마카베오기 하권
60 • 바룩서
61 • 다니엘서
62 • 지혜서
63 • 레위기
64 • 신명기

《성경 통독 지도》는 '창조 → 성조 → 광야 시대 → 판관 시대 → 초기 왕정 시대 → 분열 왕국 시대 → 유배 시대 → 페르시아 시대 → 헬레니즘 시대 → 로마 시대'순으로 구성되어 있습니다. 또한 각 지도 우측 상단부에 이 시대를 배경으로 하는 성경 각 권을 표시하고 있기에, 위에서 제시한 성경 통독 방법 중 하나로 성경을 통독할 때 도움을 받을 수 있습니다. 먼저 각 권을 읽기 전 지도와 영상 강의(사목국 홈페이지)를 통해 전반적인 배경을 이해하고, 읽고 난 뒤 다시 한번 지도와 함께 간략한 내용 요약을 읽으면 입체적으로 성경을 이해하고 정리할 수 있습니다.

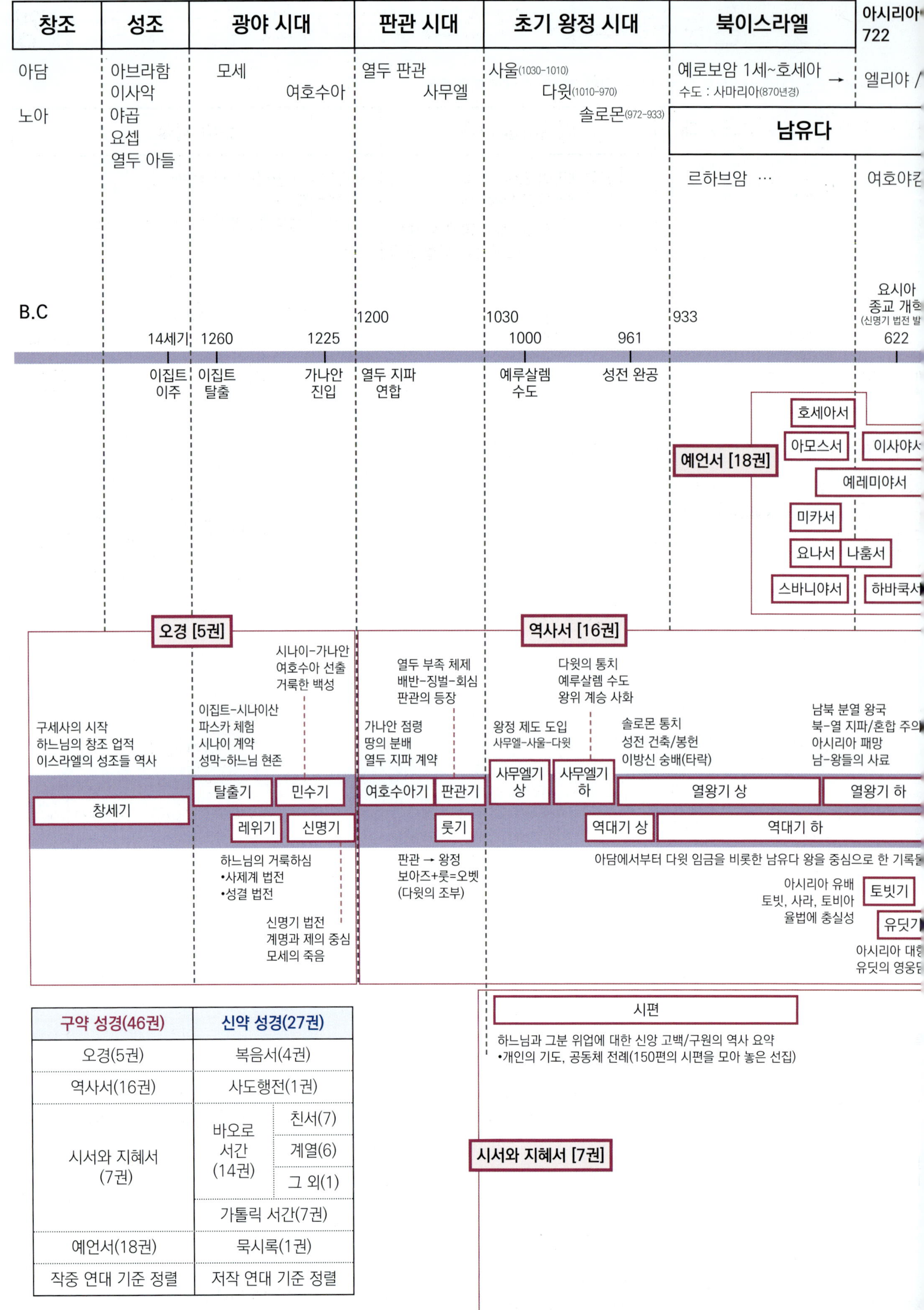

구약 성경(46권)	신약 성경(27권)	
오경(5권)	복음서(4권)	
역사서(16권)	사도행전(1권)	
시서와 지혜서 (7권)	바오로 서간 (14권)	친서(7)
		계열(6)
		그 외(1)
	가톨릭 서간(7권)	
예언서(18권)	묵시록(1권)	
작중 연대 기준 정렬	저작 연대 기준 정렬	

해 멸망(유배)

한눈에 보는 이스라엘 역사와 신 · 구약 성경

리사 예언자

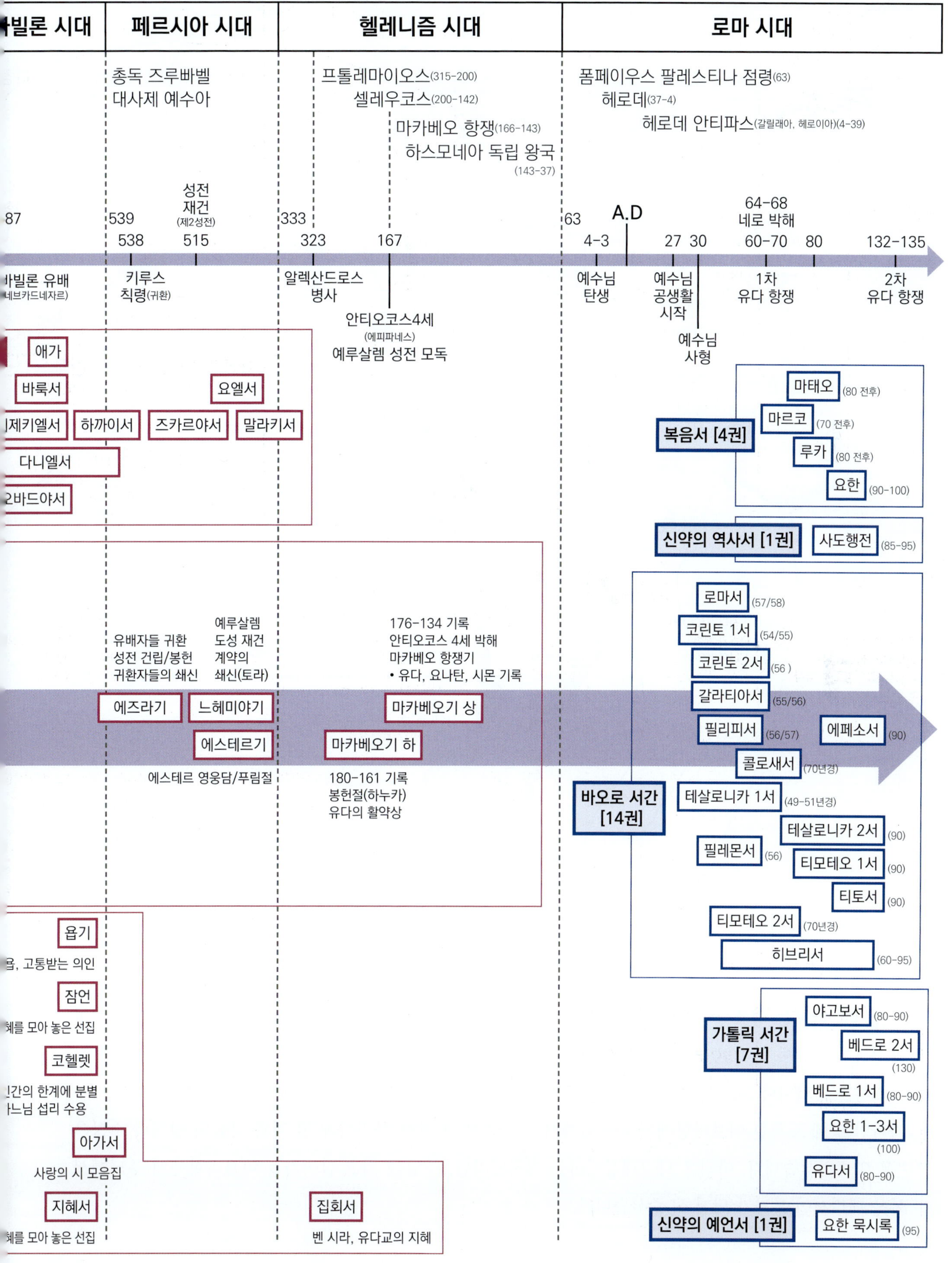

01 하느님의 부르심을 받은 아브라함(BC 1900년경)

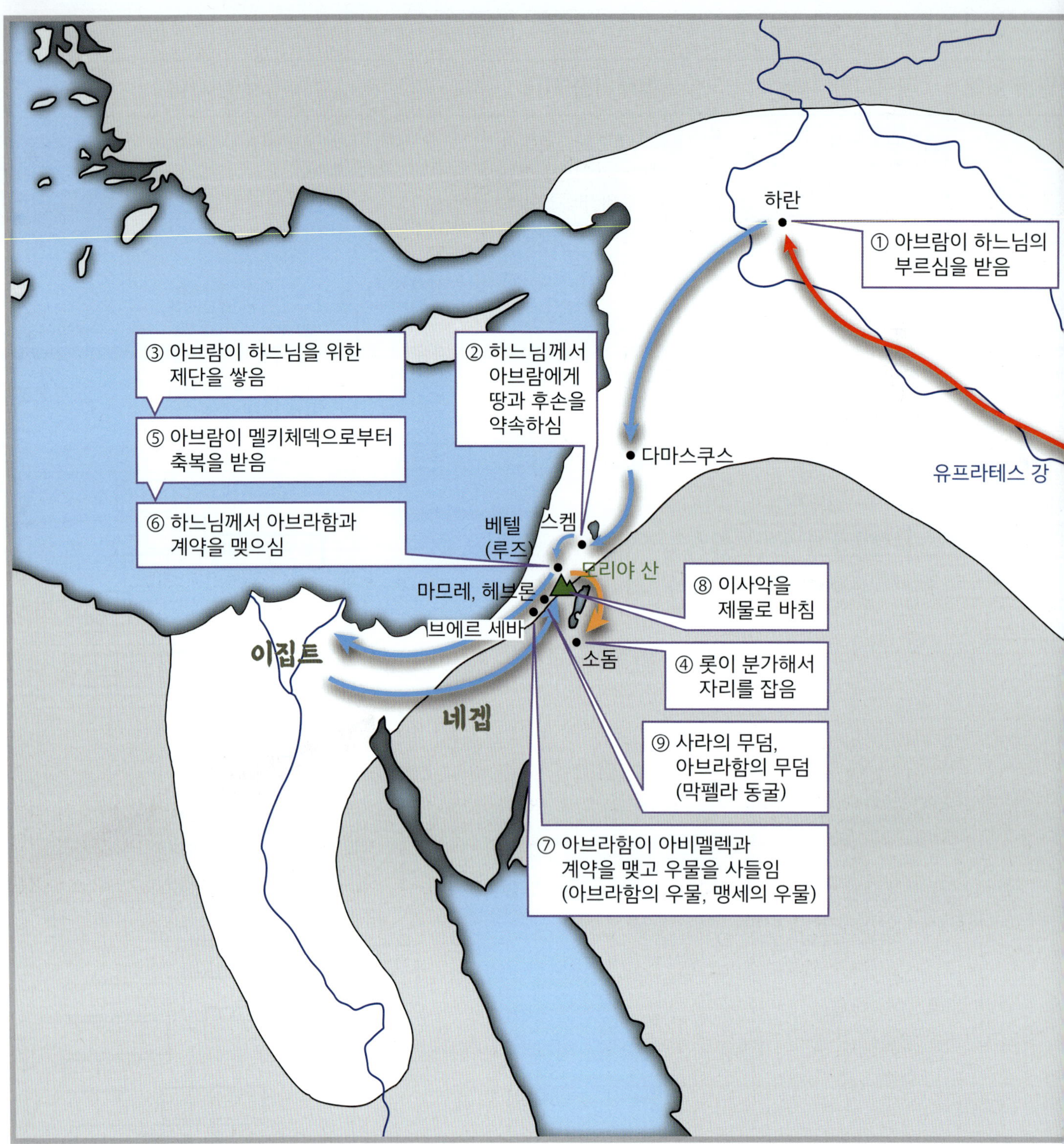

창세기에 나오는 성조들의 이야기는 아브라함이 주님께서 이르신 대로 길을 떠나면서 시작합니다. 교통이 발전하여 사람들 사이의 교류가 빈번하게 된 오늘날도 먼 고장, 먼 나라로 이주하기란 결코 쉽게 내릴 수 있는 결정은 아닙니다. 하지만 하느님을 굳게 믿고 있던 아브라함은 하느님의 뜻에 따라 길을 나섭니다.

가나안 땅에 도착한 아브라함에게 하느님께서는 그에게 그 땅을 차지하게 될 것과 하늘의 별처럼 수많은 후손을 약속하셨습니다. 아직은 나그네살이하는 처지였지만, 주님을 믿고 살아가는 아브라함에게 주님께서는 복을 내리시어 부자가 되게 해 주셨습니다.

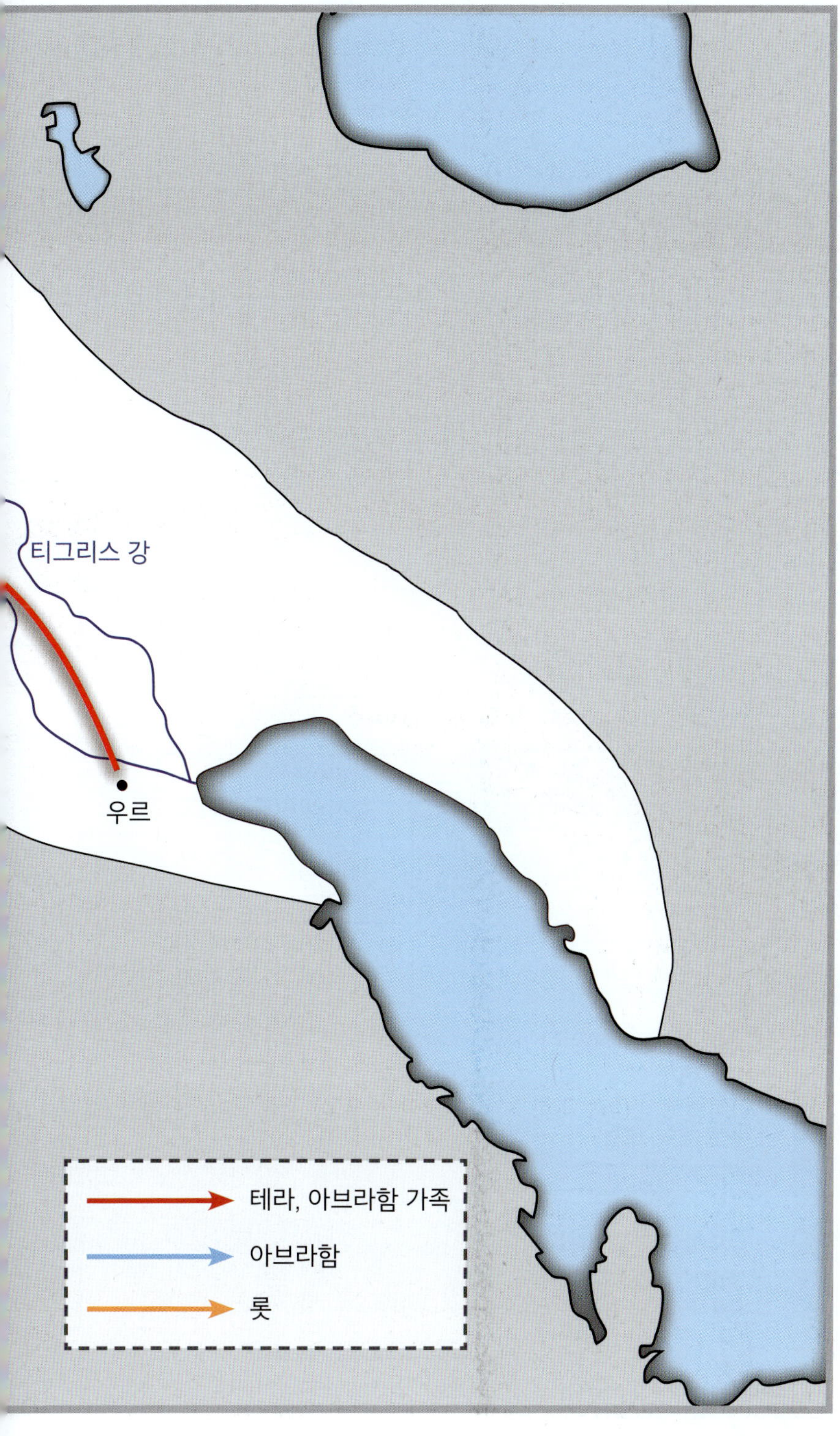
티그리스 강
우르
테라, 아브라함 가족
아브라함
롯

창조 이야기 ▼ 성조 시대 ▼ 광야 시대 ▼ ⋮

창세기

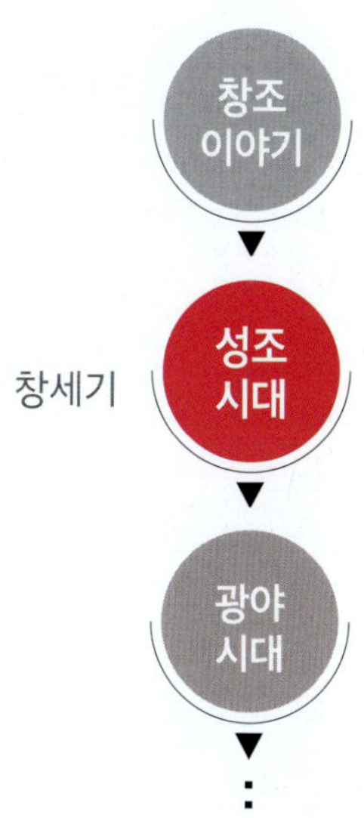

▶ 하느님의 부르심을 받은 아브라함

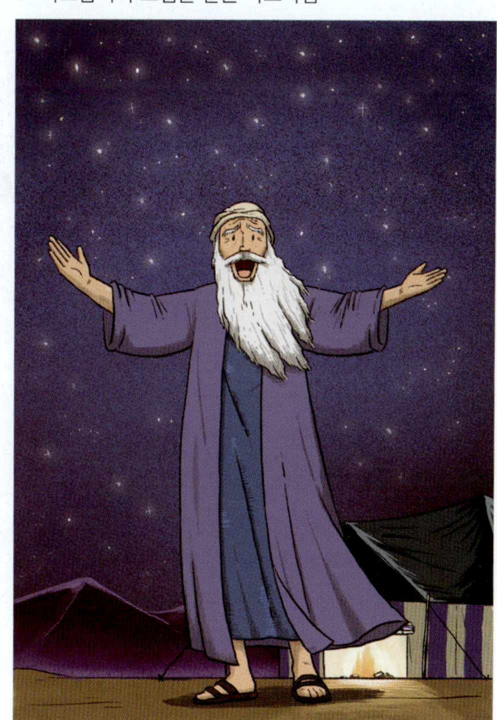

그런데 아브라함과 사라에게는 걱정이 있었습니다. 이미 백 살이 가까웠는데도 자식이 없었던 것입니다. 그런 아브라함에게 하느님께서 나타나셔서 내년에는 아들이 있을 것이라는 말씀을 하셨습니다. 곁에 있던 사라는 그 말을 듣고 속으로 웃었답니다. 그래서 태어난 아들을 웃음이라는 뜻의 이사악이라고 불렀습니다.

세월이 지나 아브라함의 아내 사라가 세상을 떠났습니다. 아브라함은 사라를 안장하기 위해 히타이트 사람 에프론에게서 막펠라의 밭과 동굴을 샀습니다. 그렇게 땅을 차지하리라는 주님의 약속이 이루어지기 시작했습니다.

02 신앙 선조 : 이사악, 야곱, 요셉(BC 1800-1600년경)

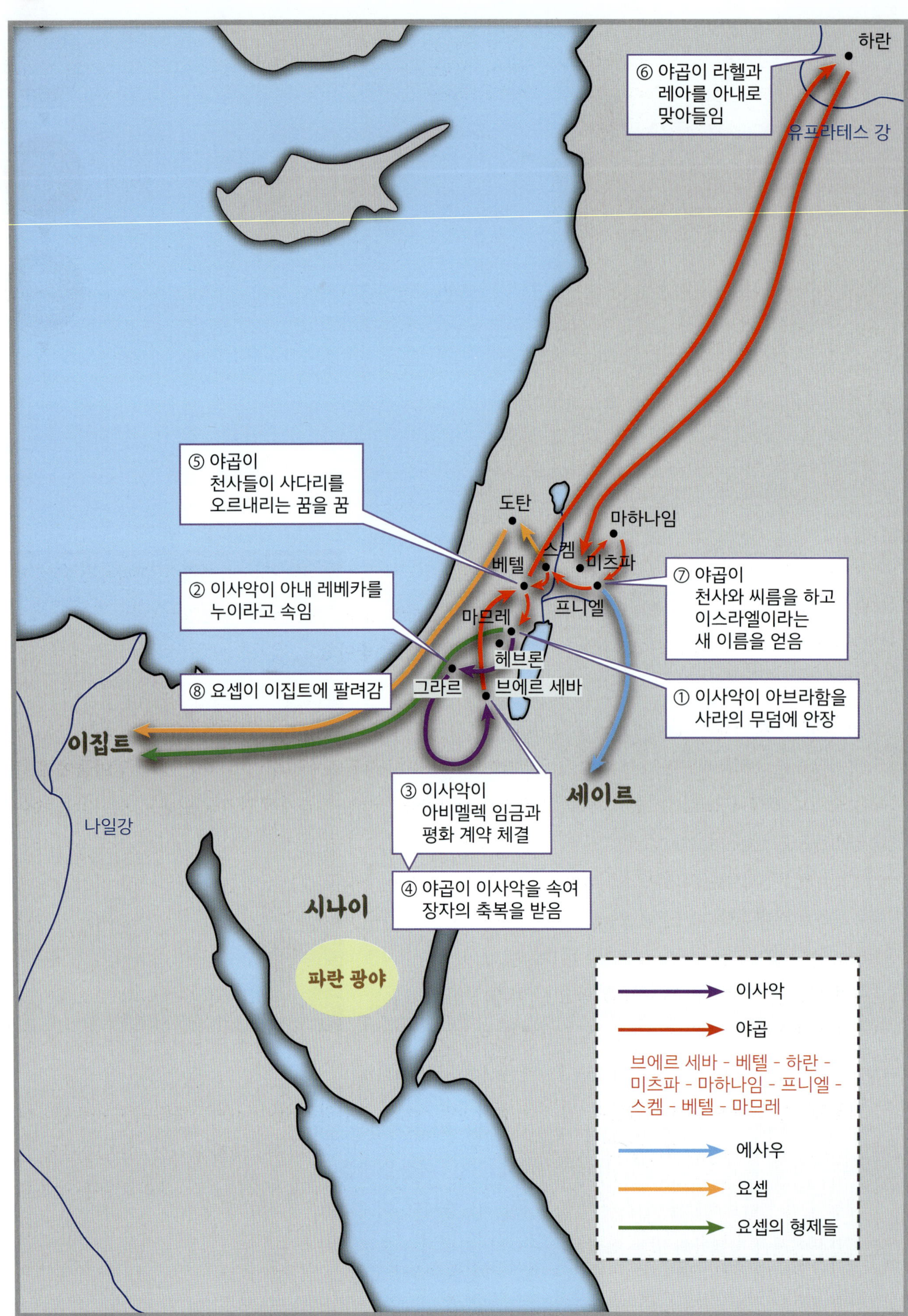

▶ 불콩죽 한 그릇에
맏아들의 권리를 넘긴 에사우와
아버지 이사악을 속여
축복을 받는 야곱

사라를 잃은 아브라함은 아들 이사악의 배필을 구하기 위해 자신의 친족들이 살고 있는 하란으로 종을 보내어 레베카를 데려옵니다. 이사악과 레베카 사이에서 쌍둥이 형제가 태어났는데, 형이 에사우, 동생은 야곱이었습니다. 이사악은 고기를 좋아해서 사냥꾼이 된 에사우를 좋아했고, 레베카는 얌전한 야곱을 사랑했습니다.

어느 날 동생 야곱이 천막에서 죽을 끓이고 있는데, 형 에사우가 허기진 채 들어왔습니다. 배가 고픈 에사우는 불콩죽 한 그릇에 맏아들 권리를 팔았습니다. 세월이 지나 이사악이 늙어, 죽기 전에 맏아들에게 축복해 주기로 했습니다. 레베카는 그 축복이 자기가 사랑하는 아들인 야곱에게 가기를 원했고, 이사악을 속여 야곱이 축복을 받게 돕습니다. 아버지의 축복을 빼앗긴 에사우는 화가 많이 났습니다. 그래서 레베카는 야곱을 하란에 있는 외삼촌 라반에게 보냅니다. 그 길에 어떤 곳에서 야곱이 잠을 자는데, 하늘에서 천사들이 사다리를 오르락내리락하는 꿈을 꾸게 됩니다. 꿈속에서 주님께서는 야곱에게 늘 함께 있으면서 지켜 주겠다고 약속하십니다.

우여곡절 끝에 야곱은 두 아내를 얻고 큰 부자가 되었습니다. 야곱은 주님의 명에 따라 다시 고향으로 돌아가기로 했습니다. 야뽁 건널목을 건넌 그날 밤 야곱에게 어떤 사람이 나타나 밤새 씨름을 하게 됩니다. 끈질기게 달라붙은 야곱에게 그는 이스라엘이라는 새 이름을 줍니다.

야곱에게는 열두 아들이 있었는데, 그 가운데 자신이 사랑한 부인인 라헬이 낳은 요셉을 특히 사랑했습니다. 아버지의 사랑에 기고만장한 요셉은 형들에게 미움을 샀고, 이집트로 팔려 가게 됩니다. 이집트에 간 요셉은 하느님께서 주신 지혜로 파라오의 꿈을 잘 해석하여 7년간의 풍년 뒤에 나타날 7년간의 기근을 이집트가 잘 준비할 수 있게 했습니다. 기근으로 어려움에 처한 요셉의 형들은 이집트로 양식을 구하러 갑니다. 요셉은 처음에는 형들을 모른 척하지만 그들에게 자신을 밝히고 아버지 야곱과 온 집안이 이집트로 이주하도록 했습니다.

03 이집트 탈출과 가나안 정복(BC 1300-1200년경)

▶ 하느님께 십계명을 받은 모세

세월이 흘러 요셉의 업적을 알지 못하는 파라오가 제위에 오릅니다. 그는 이스라엘 사람들을 억압하려고 강제 노동을 시켰고 급기야 새로 태어난 사내아이들을 죽이라는 명까지 내립니다. 주님께서는 백성들이 고통에 울부짖는 소리를 들으셨습니다. 주님께서는 모세를 당신 백성의 지도자로 선택하시고, 열 가지 재앙으로 이집트를 치시어 이스라엘 백성을 구해 내셨습니다.

이스라엘은 낮에는 구름 기둥으로, 밤에는 불기둥으로 자신들을 이끌고 가시는 하느님을 깊게 체험하게 됩니다. 특히 뒤쫓아오는 파라오의 군대를 피해 갈대 바다를 가르고 길을 내어 마른 땅을 밟고 건너간 일은 이스라엘 백성의 이집트 탈출 체험에서 가장 큰일이었습니다.

하지만 광야에서의 생활은 고달팠습니다. 비록 노예 생활이지만 풍족한 이집트에서 살던 백성들은 바로 불평불만을 쏟아 내기 시작합니다. 하느님께서는 먹을 것이 없다 하자 만나를 내려 주셨고, 만나만 먹기 지겹다고 하자 메추라기 떼를 보내 주셨지만 백성들은 만족하지 못했고 불평은 그치지 않았습니다.

이스라엘 백성은 시나이 산에 도착합니다. 이곳에서 하느님께서는 모세와 이스라엘 백성과 계약을 맺습니다. 그리고 하느님의 백성으로서 지켜야 할 계명을 주셨습니다. 그런데 계명을 받아 들고 내려온 모세의 눈에 보인 것은 백성들이 하느님이라고 만든 금송아지였습니다.

이 일로 하느님께서는 분노하셨지만 모세의 기도로 화를 거두시고 다시 그들을 이끌고 가셨습니다. 파란 광야에 도착한 이스라엘 백성은 지파별로 한 명씩 수장을 보내어 약속의 땅, 가나안 땅을 정찰했습니다. 40일 만에 정찰을 마치고 돌아온 그들 가운데 여호수아와 칼렙만이 그 땅을 차지할 수 있다고 말했고, 나머지 사람들은 백성들 사이에 나쁜 소문을 퍼뜨렸습니다.

그래서 하느님께서는 그들을 바로 약속된 땅으로 데려가지 않으시고 정찰을 나간 날수를 하루에 일 년씩으로 계산하여 40년을 광야에서 지내도록 하시어 이스라엘을 준비시키십니다. 때가 차자 모세의 후계자 여호수아의 인도로 이스라엘 백성은 가나안 땅을 차지하고 정착할 수 있게 되었습니다. 하지만 모세는 약속된 땅에 들어가지 못하고 느보 산에서 그 땅을 바라보며 숨을 거두었습니다.

04 판관 시대 : 가나안 땅에 정착한 열두 지파(BC 1200-1020년경)

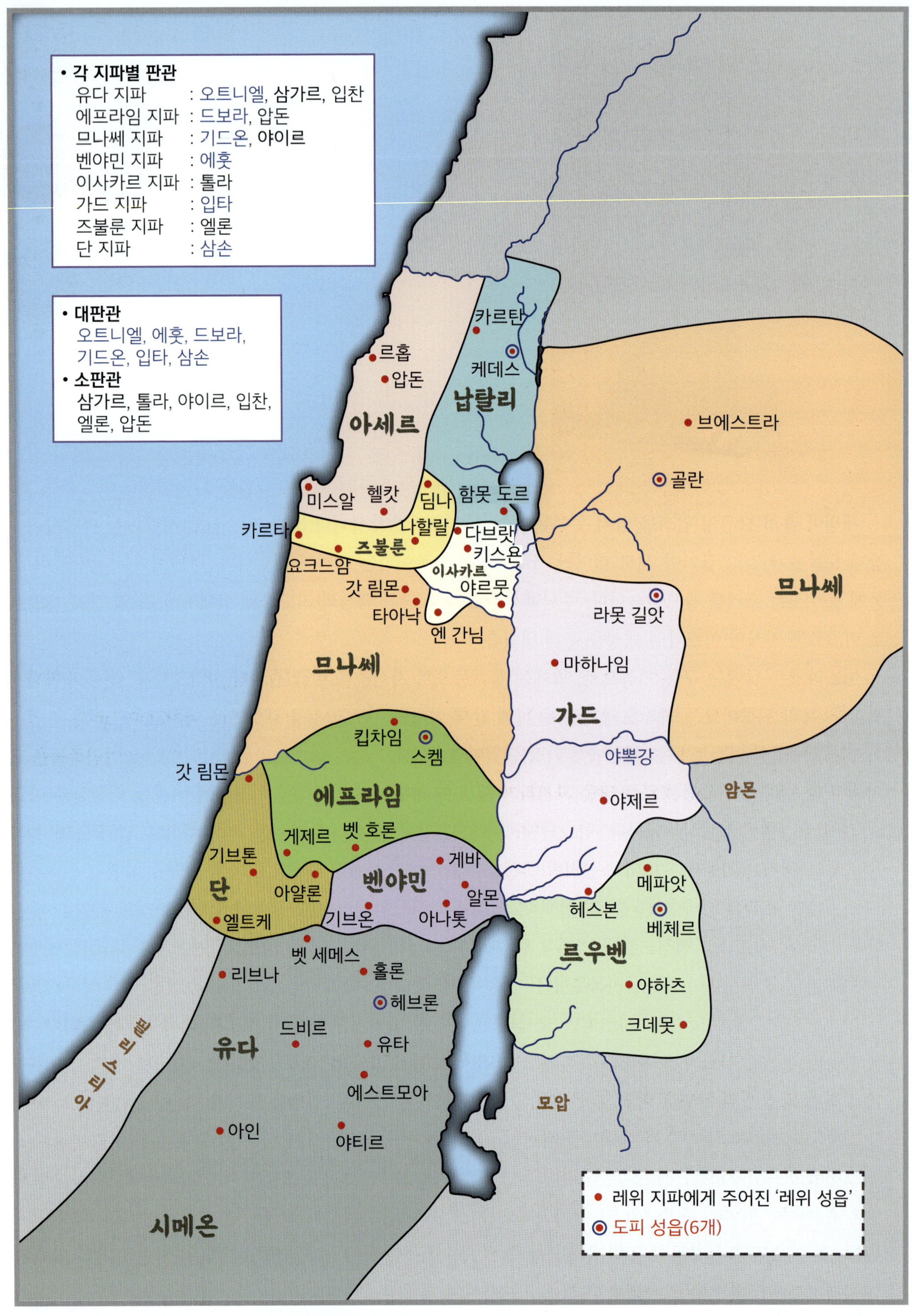

▶ 잠든 삼손의 머리카락을 자르는 들릴라

430년 만에 돌아온 가나안 땅에는 이미 다른 민족들이 자리 잡고 있었습니다. 이스라엘 백성들이 가나안 땅을 차지하기 위해서는 그들을 몰아내야만 했습니다. 마침내 40년의 광야 생활을 마치고 이스라엘은 약속된 땅을 차지하러 들어갑니다. 하느님의 도우심과 여호수아의 인도로 이스라엘 열두 지파는 이민족들을 몰아내고 약속된 젖과 꿀이 흐르는 땅을 차지하게 되었습니다.

가나안 땅을 차지한 뒤 여호수아는 지파마다 각자의 지역을 나눠 주고, 레위 지파를 위한 성읍들과, 실수로 살인을 저지른 사람이 피신할 수 있는 도피 성읍들을 세웠습니다. 가나안 정복 사업이 완성되고 여호수아는 스켐에 이스라엘의 모든 지파를 모았습니다. 그곳에서 그들을 이집트에서 구해 내시고 이 땅을 주신 주 하느님을 섬기고 그분의 말씀을 들을 것을 결의합니다.

하지만 그들의 결의는 오래가지 못했습니다. 주 하느님께 충실하지 않고 바알, 아스타롯 등 이방신들을 섬기곤 했던 것입니다. 그들은 주님의 크신 힘으로 가나안 땅에 정착하였지만, 그 땅을 주신 분을 빨리도 잊어버렸습니다. 또 가나안 땅을 정복하면서 그곳에 먼저 살고 있던 이민족들을 확실하게 몰아내지 못하였기에 기회만 되면 필리스티아, 아람, 암몬, 에돔, 모압, 미디안 등이 이스라엘을 노리고 쳐들어왔습니다.

그래도 하느님께서는 위기 상황에 판관을 세워 주시어 이스라엘 지파들이 힘을 합쳐 위기를 극복하게 하셨습니다. 판관은 하느님에 의해 임명되어 하느님의 영을 받은 사람이었습니다. 다시 말해 하느님께서는 당신의 영을 받은 판관을 통해 당신의 백성을 친히 구원하시고 이끄신 것이었습니다. 그러나 판관이 활약하던 시기에는 이스라엘 사람들이 주님께 돌아왔지만, 판관이 세상을 떠나고 나면 사람들은 다시 주님께 충실하지 못하고 잡신들을 섬기곤 하였습니다.

05 사울 임금(BC 1020-1000년경)

▶ 무릿매질로 골리앗을 무찌른 다윗

아직 이스라엘에는 임금이 없었습니다. 이스라엘은 열두 지파의 연맹체여서, 어려움이 있으면 판관을 중심으로 힘을 합쳐 어려움을 이겨 내곤 했습니다. 하지만 외적이 침입한 뒤에 판관이 나와 사람들을 모아 위기를 극복하기까지 시간이 걸리기도 했고, 왕을 중심으로 한 상비군이 없는 이스라엘은 주변 나라에 쉬운 상대로 여겨지기도 했습니다.

결국 이스라엘은 필리스티아와의 전쟁에서 하느님의 계약 궤를 빼앗기고 맙니다. 하느님께서 필리스티아인들을 치셔서 머지않아 하느님의 궤를 돌려받기는 했지만 이스라엘 사람들은 큰 위기감을 느끼게 됩니다.

그 일로부터 20년 뒤, 사무엘이 이스라엘의 판관이었을 때입니다. 사무엘도 이미 나이가 들었고, 판관직을 이을 만한 자가 없자, 백성들이 사무엘에게 왕을 세워 달라고 요구합니다. 사무엘은 마음이 언짢았지만, 하느님께서 사무엘에게 백성의 청을 들어주라고 하십니다.

하느님께서는 벤야민 지파 키스의 아들 사울을 선택하셨습니다. 사무엘은 하느님의 뜻에 따라 사울에게 기름을 부어 임금으로 세웠습니다. 사울 임금은 처음에는 성공적으로 이스라엘을 이끌었지만, 시간이 지나자 하느님의 길에서 벗어나게 되었습니다. 그리하여 사무엘은 하느님의 명에 따라 이스라엘을 이끌 지도자로 유다 지파 이사이의 아들 다윗을 선택하고 그에게 기름을 붓습니다.

주님께서 함께하셨기에 다윗은 필리스티아와의 전쟁에서 전공을 올리며 유명해집니다. 무릿매로 골리앗을 쓰러뜨리기도 하였습니다. 사울 임금은 자신보다 인기가 많은 다윗을 시샘하여 그를 죽이려고 하였습니다. 그러나 다윗은 사울의 손길에서 피신할 수 있었습니다. 다윗은 사울을 죽일 기회가 있었음에도 주님의 기름부음받은이를 죽일 수 없다며 살려 줍니다. 후에 사울은 길보아 산에서 필리스티아인들과 전투 끝에 자결합니다.

06 다윗과 솔로몬 임금(BC 1000-926년경)

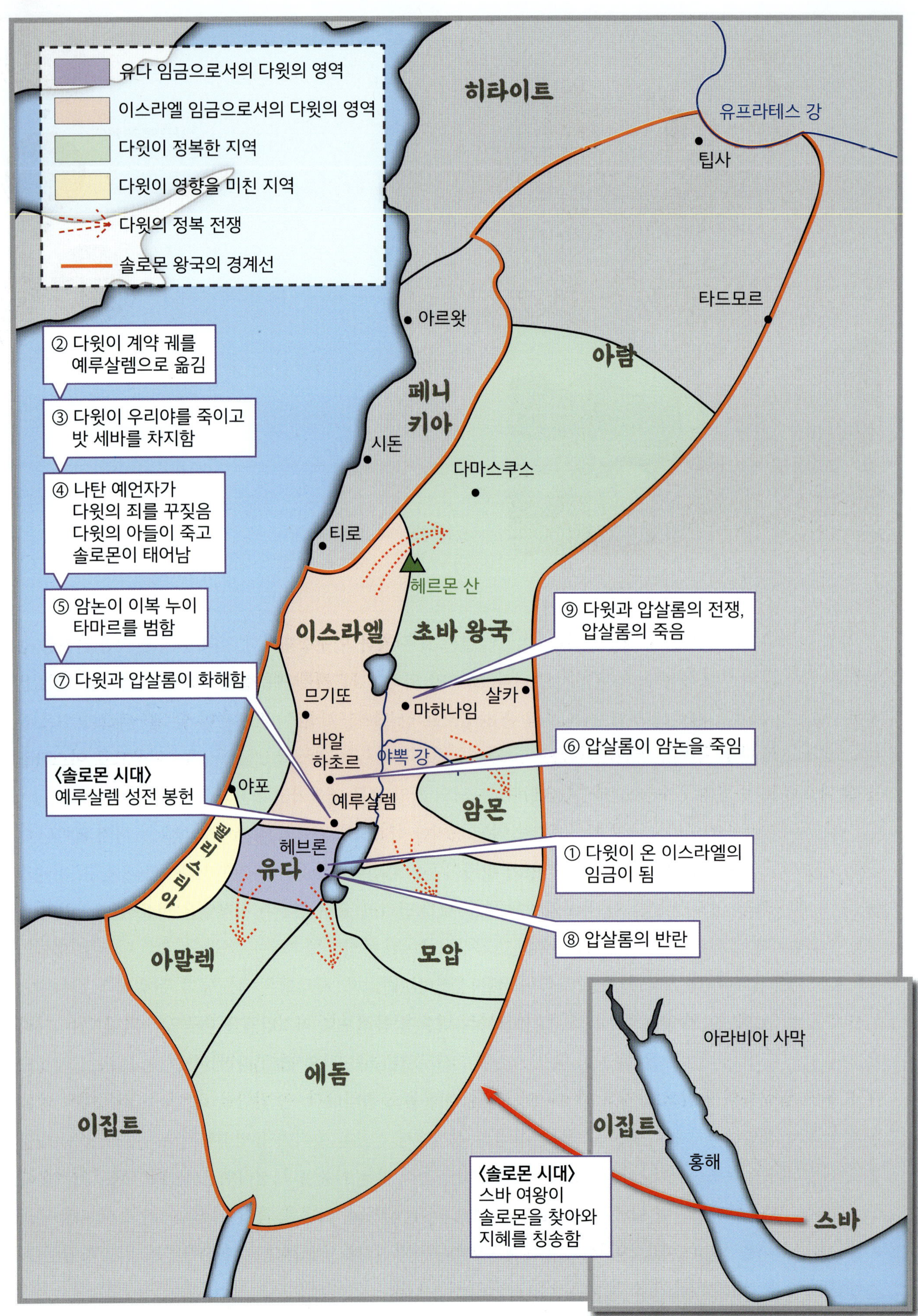

▶ 온 이스라엘의 왕이 된 다윗 임금

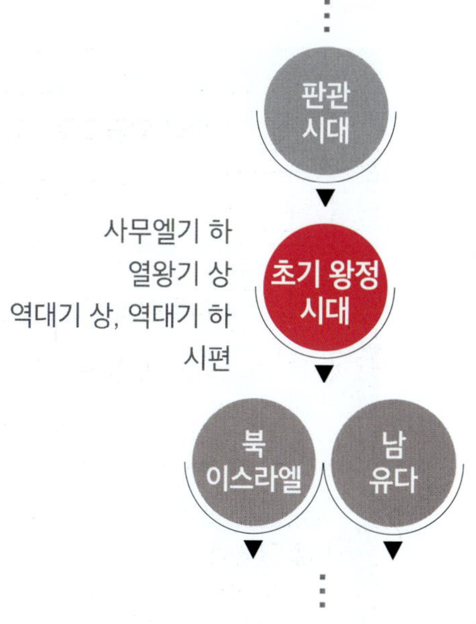

사울이 죽은 뒤 다윗은 온 이스라엘의 임금이 됩니다. 다윗은 여부스족이 차지하고 있던 예루살렘을 점령하고, 그곳을 자신의 도읍으로 삼았습니다. 그리고 하느님의 계약 궤를 예루살렘으로 모셔 옵니다. 다윗은 예루살렘에 하느님을 위한 성전을 지으려고 하였으나 하느님께서 그 일은 네 후손이 할 일이라고 막으셨습니다. 그러면서 다윗 왕가가 영원하리라는 약속을 하십니다. 다윗은 하느님 마음에 드는 임금으로 이스라엘을 잘 다스렸고, 주변의 원수들도 제압했습니다.

하지만 나약한 인간이기도 하였던 다윗 임금은 잘못을 저지르고 맙니다. 왕궁에서 시내를 내려다보던 다윗의 눈에 아름다운 여인이 목욕하는 장면이 비친 것입니다. 그녀는 다윗의 부하인 히타이트 사람 우리야의 아내, 밧 세바였습니다. 다윗은 그녀와 잠자리를 같이하고 그 사실을 은폐하기 위해 우리야를 도성으로 불렀다가 뜻대로 되지 않자 그를 가장 치열한 전장으로 내보내 전사하게 했습니다. 그리고 그의 아내를 자신의 아내로 맞아들입니다. 이것이 하느님 보시기에 좋지 않았습니다.

다윗은 나탄 예언자를 통해 꾸짖으시는 하느님의 말씀을 듣고 뉘우치지만, 그 잘못으로 인해 많은 어려움을 겪게 됩니다. 우선 밧 세바에게서 얻은 왕자가 병으로 죽습니다. 왕자들 사이에서 칼부림이 일어나기도 하고, 왕자 압살롬의 반란으로 예루살렘에서 도망을 치는 일도 생깁니다. 이 반란을 진압하는 과정에서 압살롬은 결국 죽게 됩니다.

다윗 임금의 왕좌는 다윗이 밧 세바에게서 얻은 솔로몬에게 넘어갑니다. 솔로몬이 임금이 된 뒤 꿈에 하느님께서 나타나 무엇을 원하는지 물으셨습니다. 솔로몬은 하느님의 백성을 잘 다스릴 수 있도록 선과 악을 분별할 수 있기를 청했고, 하느님께서는 기뻐하시면서 지혜와 함께 부와 명예도 주셨습니다. 그리하여 솔로몬의 통치 아래 이스라엘은 이스라엘 역사상 가장 강성한 나라가 됩니다.

07 분열 왕국 시대 : '북이스라엘-남유다' 왕국(BC 926-722년경)

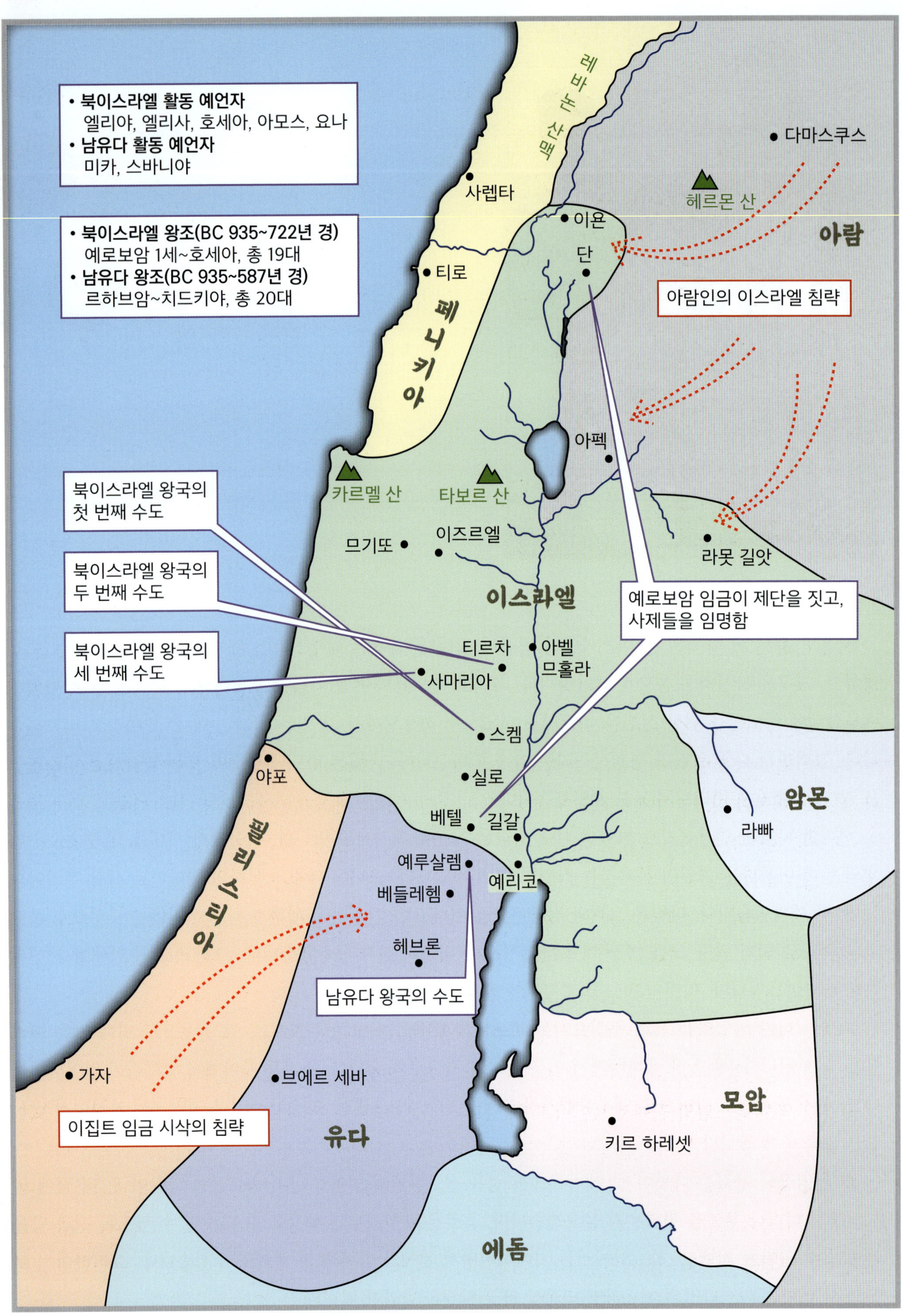

▶ 베텔과 단에
금송아지상을 세우고
이를 섬긴
예로보암 임금

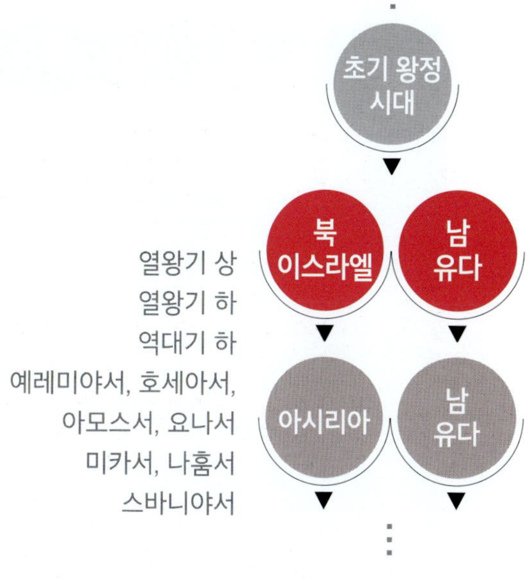

솔로몬 임금 시대에 이스라엘은 황금기를 지냈고, 다른 나라들과 교역도 활발해져 예루살렘은 화려한 도시가 되었습니다. 이런 부를 바탕으로 솔로몬 임금은 성전을 지어 하느님께 봉헌했습니다. 하지만 이런 건설 사업은 세금을 내고 노역을 하는 백성들에게는 큰 부담이었습니다.

솔로몬 임금은 주변 나라들과 외교 관계를 돈독히 하기 위해 수많은 다른 나라 공주들과 결혼을 했습니다. 문제는 이들이 이스라엘에 시집오면서 자신들이 믿던 신들을 버리지 않았던 것입니다. 나이가 들어 판단력이 흐려진 솔로몬 임금은 이들이 하자는 대로 이방신들에게 제사를 드리는 등 잘못을 저지르고 맙니다. 이에 하느님께서 크게 진노하시어 이스라엘을 다윗 왕가에서 떼어 내기로 하셨습니다.

솔로몬의 왕위를 계승한 르하브암은 백성들의 부담을 덜어 주라는 원로들의 의견을 무시하고 오히려 백성들을 무겁게 짓누르는 통치를 합니다. 이에 반발한 북부 10개 지파들은 예로보암을 임금으로 세웁니다. 그리하여 이스라엘은 남쪽의 유다 왕국과 북쪽의 이스라엘 왕국으로 갈라집니다. 그런데 북이스라엘의 예로보암 임금은 사람들이 하느님께 제사를 지내러 예루살렘에 갔다가 남유다로 넘어갈 것을 우려하여 단과 베텔에 금송아지를 만들어 제단을 세우고 레위 지파가 아닌 일반인들을 사제로 뽑아 세웠습니다.

남유다 역시 하느님의 길에서 벗어나 악한 일들을 일삼았습니다. 르하브암이 유다를 다스린지 5년 되던 해에 이집트 임금 시삭이 예루살렘을 침공하여 왕궁과 성전의 모든 보물들을 가져가 버렸습니다. 유다와 이스라엘 사이에서도 분쟁이 끊이지 않았습니다. 유다의 아사 임금 때에 이스라엘 바아사 임금이 유다를 공격하자 아사 임금은 아람 임금 벤 하닷에게 갖고 있는 보물을 보내며 이스라엘을 공격하도록 요청하는 일도 있었습니다. 아람은 수시로 이스라엘을 침략했고, 아합 임금이 이스라엘을 다스리던 시절 벤 하닷이 이끄는 아람군은 이스라엘의 수도 사마리아를 포위하기도 했습니다.

08 엘리야 예언자의 활동(BC 885-835년경)

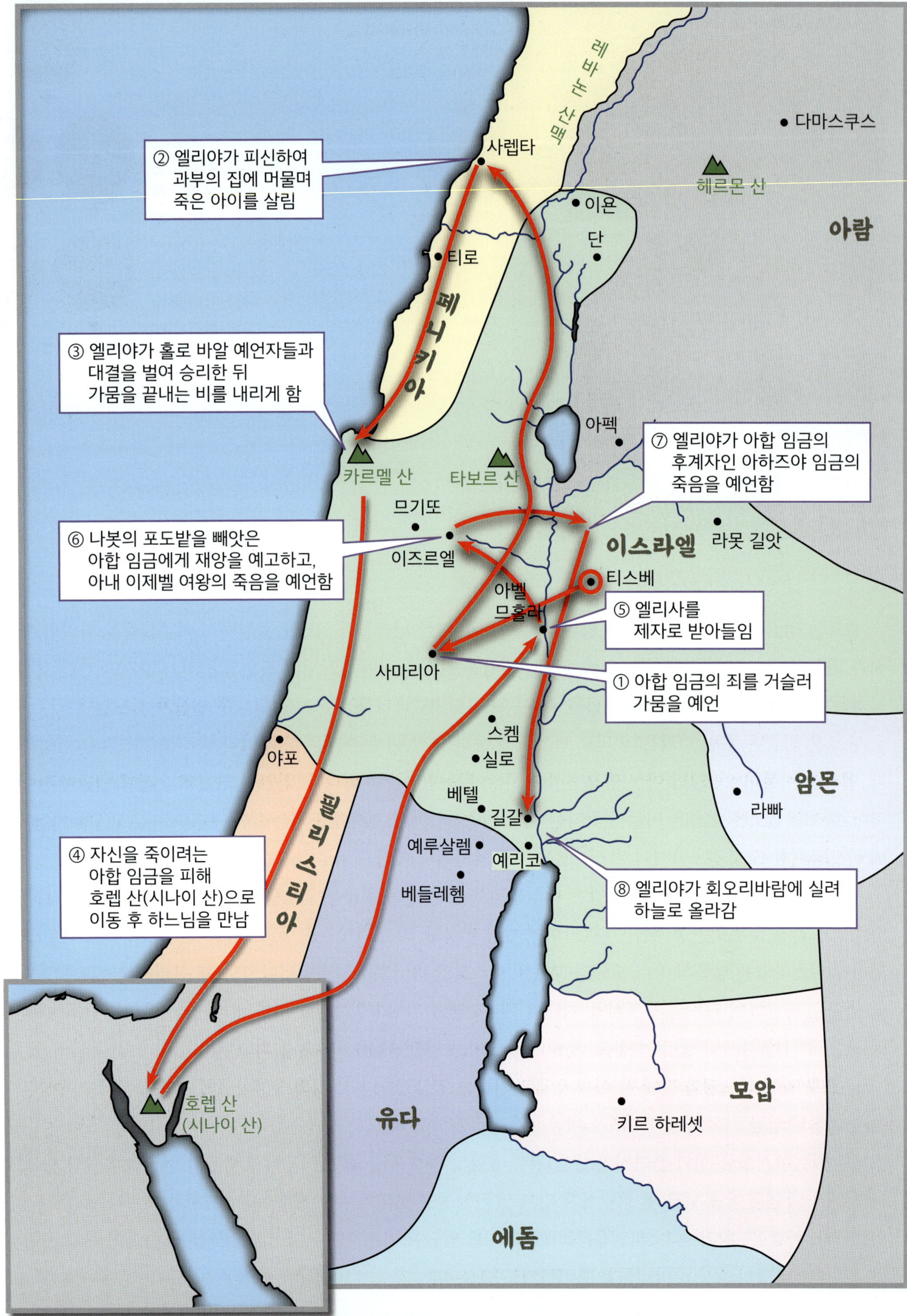

▶ 카르멜 산에서 바알 예언자들과 홀로 맞서는 엘리야 예언자

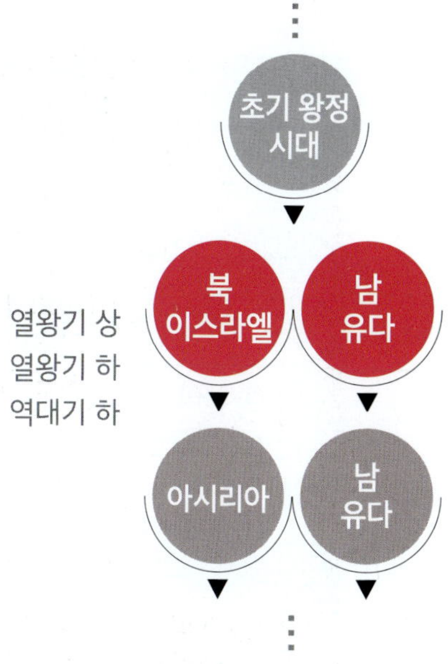

이스라엘이 주 하느님을 떠나 바알이나 아스타롯 같은 우상들을 섬기고 악행을 일삼자 하느님께서는 예언자들을 보내어 그들을 꾸짖으십니다.

엘리야는 북이스라엘의 아합 임금 시대에 주로 활동한 예언자입니다. 길앗의 티스베 출신인 엘리야는 아합 임금에게 극심한 가뭄이 들 것을 예언하였는데, 이 예언이 아합 임금 귀에 거슬렸습니다. 목숨의 위협을 느낀 엘리야는 도피 생활을 시작합니다.

몇 년 뒤, 이스라엘에 내린 가뭄을 거두기로 하신 하느님께서는 엘리야 예언자에게 아합 임금을 만나러 가라고 명령하십니다. 아합 임금을 만난 엘리야는 카르멜 산에 온 이스라엘 사람들을 모아 주고 바알과 아세라를 섬기는 예언자들도 모아 달라고 요청합니다. 그곳에서 그는 주님께서 참으로 하느님이심을 보여 주고, 우상을 섬기는 예언자들을 모두 제거하였습니다. 그리고 이스라엘 지역에 비가 내려 가뭄이 끝났습니다.

하지만 아합 임금의 왕비 이제벨은 엘리야를 죽이려 하였습니다. 그 손을 피해 달아난 엘리야는 호렙 산(시나이 산)으로 가서 하느님을 만나 새 아람 임금과 새 이스라엘 임금과 자신의 후계자에게 기름을 부어 세우라는 명을 받습니다. 길을 떠난 엘리야는 사팟의 아들 엘리사를 만나 그를 자신의 제자로 부릅니다.

시간이 지나 아합 임금이 자신의 왕궁 옆에 있는 포도밭을 불의한 방법으로 빼앗는 일이 일어납니다. 엘리야는 아합 임금을 꾸짖고 재앙을 예고합니다. 후에 아합 임금은 거짓 예언자들의 말을 듣고 군사를 움직였다가 전사하고, 그 왕비 이제벨도 죽음을 맞이합니다.

지상에서의 활동을 마치고 엘리야는 엘리사가 보는 앞에서 회오리바람에 실려 하늘로 올라갔습니다.

09 엘리사 예언자의 활동(BC 850-800년경)

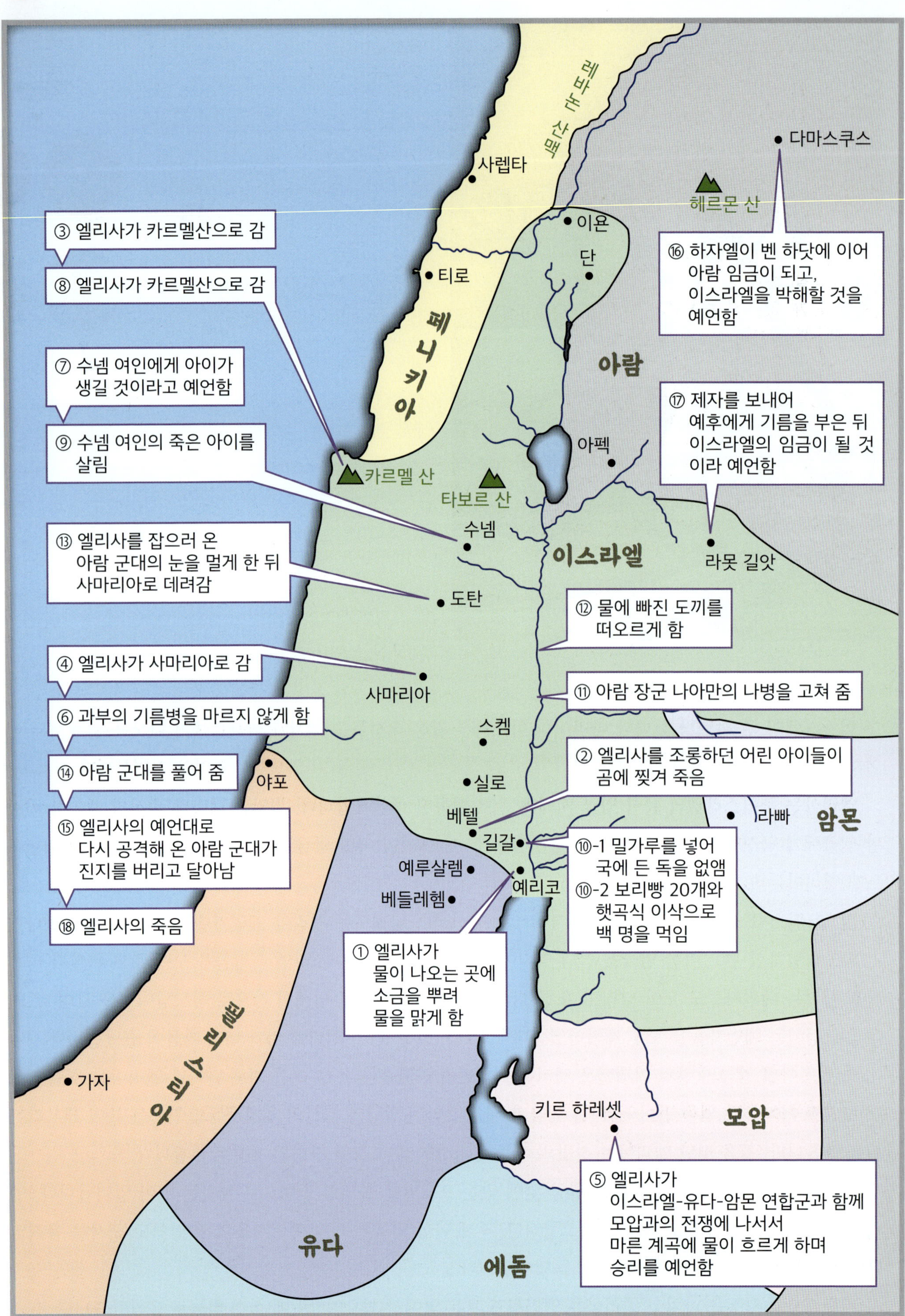

▶ 나병을 낫게 하기 위해 요르단 강에 가서 몸을 씻으라는 이야기를 듣고 화를 내는 나아만 장군

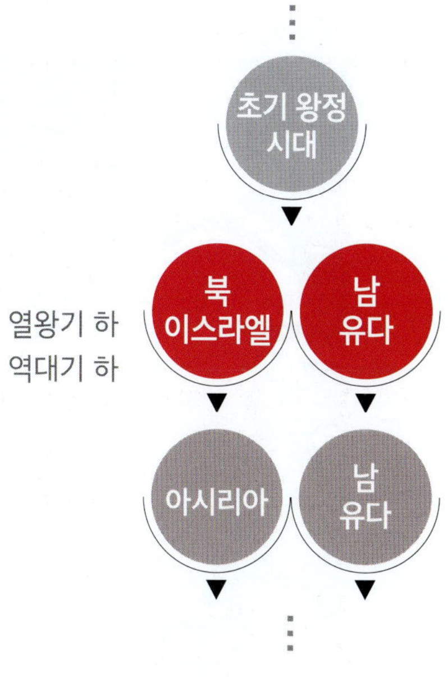

엘리야가 하늘로 들어올려진 후, 엘리사는 스승의 예언자직을 이어받습니다. 그는 엘리야가 그렇게 했던 것처럼 엘리야의 겉옷으로 요르단 강물을 치니 물이 갈라져 마른 땅을 밟고 강을 건넜습니다. 그리고 예리코에 잠시 머무는 동안에 성읍 사람들이 물이 나빠져 땅이 생산력을 잃었다는 말에 물이 나오는 곳에 소금을 뿌려 물을 정화하기도 했습니다. 오늘날에도 성수를 축복할 때 소금을 넣으며 이 기적을 기억합니다.

엘리사는 북이스라엘의 요람 임금 때에 활동했는데, 이스라엘이 위기에 처할 때마다 주님의 권능을 드러내 보였습니다. 이스라엘-유다-암몬이 연합하여 모압을 치러 갔다가 물이 떨어졌을 때 말라 버린 시내에 물이 가득하게 하였고, 아람 임금의 장수 나아만의 나병을 낫게 하였습니다. 아람과 이스라엘 사이에 전쟁이 일어나자 엘리사는 이스라엘 임금에게 아람군의 위치를 알려 주어 이스라엘이 전쟁을 유리하게 이끌도록 했습니다.

또한 엘리사는 곤경에 빠진 사람들을 도와주곤 하였습니다. 과부의 기름병을 마르지 않게 하여 빚을 갚을 수 있게 해 주었고, 예언자들의 무리가 먹을 국에 독이 들어갔을 때 밀가루를 뿌려 독을 없애기도 하였습니다. 또 물에 빠뜨린 도끼를 떠오르게 하여 다시 찾기도 했습니다.

다마스쿠스에 간 엘리사는 아람 임금 벤 하닷이 죽고 하자엘이 임금이 될 거라고 예언합니다. 그리고 하자엘이 저지를 일을 미리 보고 슬퍼하였습니다. 또한 제자를 보내어 예후에게 기름을 부어 이스라엘 임금으로 세웁니다. 이렇게 엘리야에게 주님께서 알려 주신 대로 이루어졌습니다.

엘리사 예언자는 여호아스 임금 시절에 세상을 떠났는데, 한번은 사람들이 주검을 묻으려다가 모압의 약탈대가 쳐들어오자 주검을 엘리사의 무덤에 던지고 가버린 일이 있었습니다. 그런데 그 주검이 엘리사의 뼈에 닿자 다시 살아나서 제 발로 일어섰다고 합니다.

10 아시리아에 의한 북이스라엘 왕국의 멸망(BC 722년)

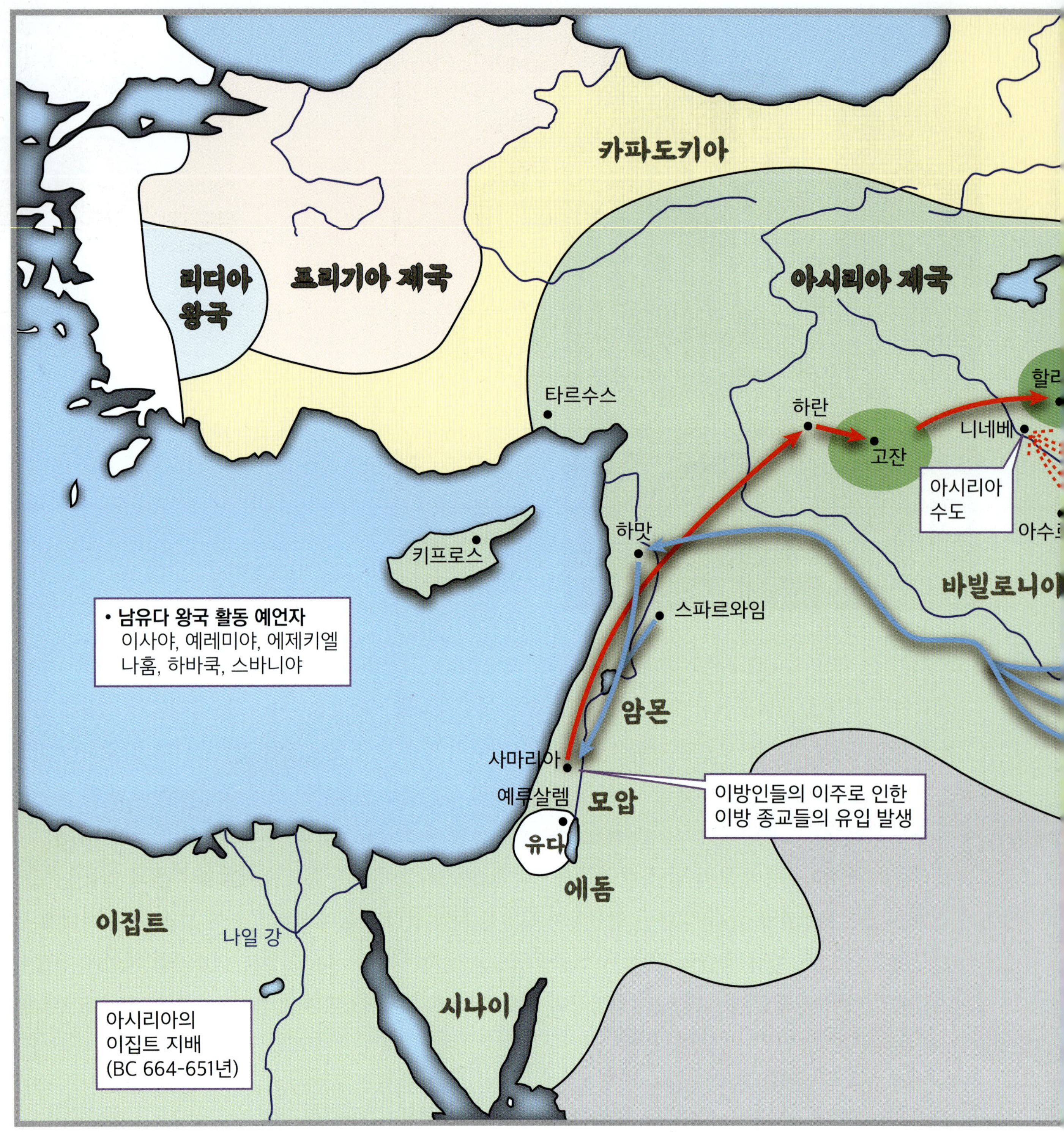

북이스라엘은 주 하느님께 충실하지 못하고 우상 숭배를 저지르다 결국 멸망에 이르고 맙니다. 호세아 임금 시절에 크게 세력을 떨친 아시리아 제국이 사마리아를 함락하고 이스라엘 사람들을 아시리아로 끌고 갔습니다. 그때 남유다의 임금은 히즈키야였는데 주님께 충실한 임금이었습니다. 주님께서 예루살렘을 지켜 주셔서 아시리아는 남유다를 점령하지 못하고 돌아갔습니다. 아시리아 제국은 제국 안에 있는 사람들을 섞는 정책을 폈습니다. 이스라엘의 많은 사람이 고잔과 메디아의 성읍들로 유배 가야 했습니다. 그들이 떠난 사마리아에는 바빌론, 쿠타, 아와, 하맛, 스파르와임 등에서 온 사람들이 살게 되었습니다.

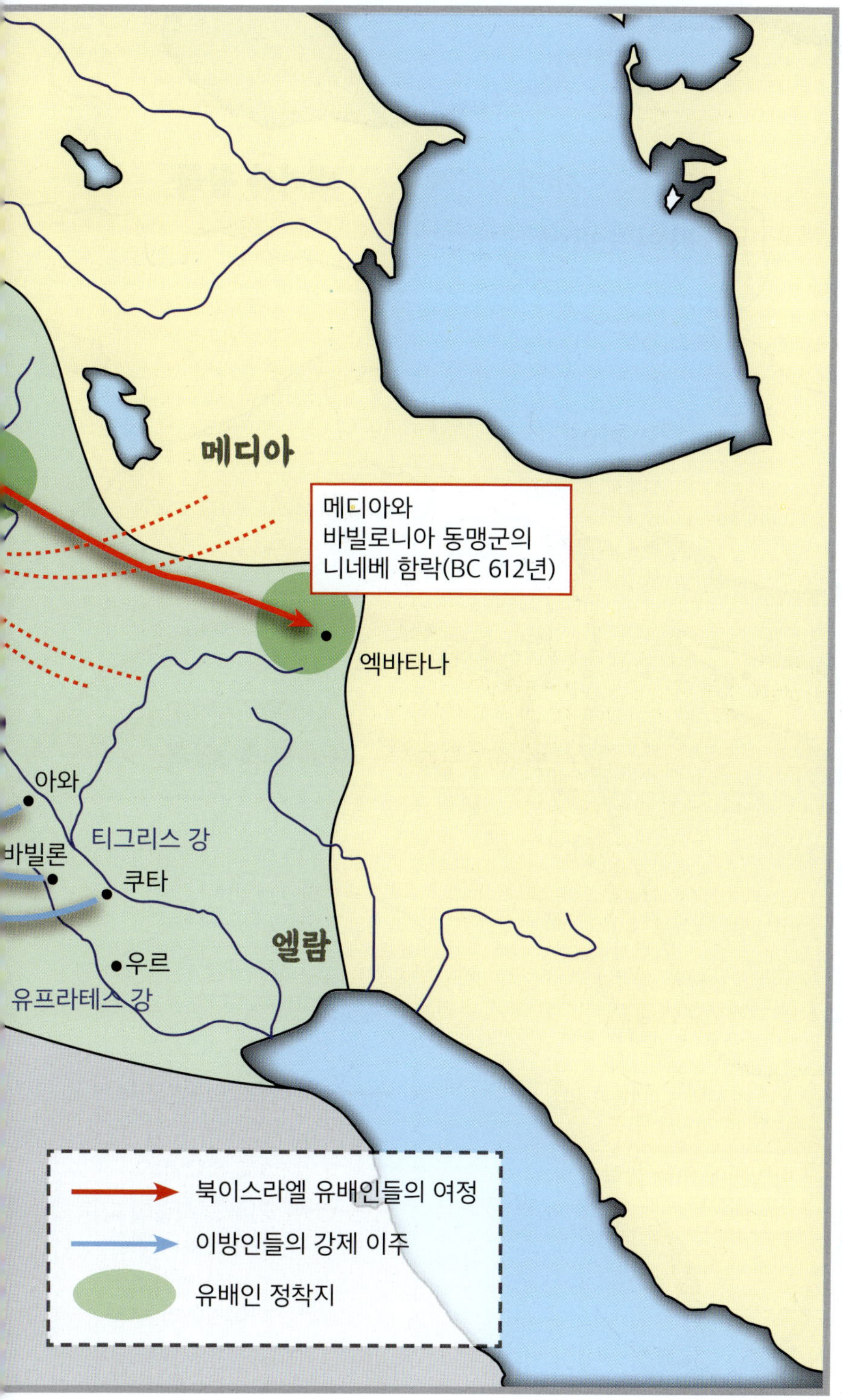

메디아
메디아와
바빌로니아 동맹군의
니네베 함락(BC 612년)
엑바타나
아와
티그리스 강
바빌론
쿠타
엘람
우르
유프라테스 강
북이스라엘 유배인들의 여정
이방인들의 강제 이주
유배인 정착지

북
이스라엘
남
유다
아시리아
제국
남
유다
신바빌론
제국

열왕기 하
역대기 하
토빗기, 유딧기
이사야서, 예레미야서
나훔서, 하바쿡서

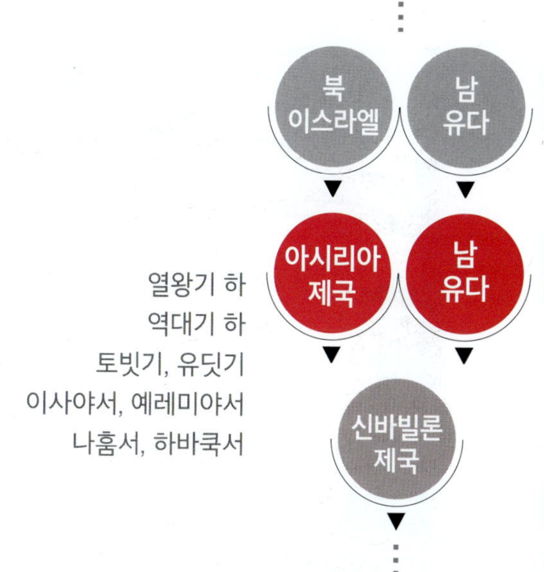

▶ 북이스라엘을 침략하는 아시리아 군대

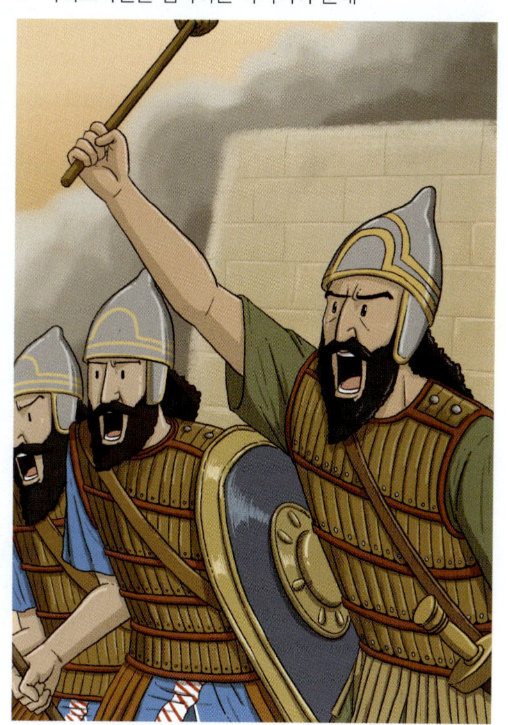

사마리아에 이주해 온 사람들은 처음에는 주님을 경외하지 않았습니다. 주님께서는 그들 가운데 사자들을 보내시어 그들을 물어 죽이게 하셨습니다. 피해가 심해지자 아시리아 임금은 유배 갔던 사제들 가운데 한 명을 사마리아로 보내 사람들에게 주님을 어떻게 경외해야 하는지 가르치게 하였습니다. 그들이 주님을 믿고 섬기자 사자로 인한 피해는 사라졌습니다.

그렇지만 그들은 주님만을 섬기는 것이 아니라 자신들이 믿어 오던 우상들과 함께 주님을 섬겼습니다. 그래서 유다인들은 사마리아인들이 주님을 섬김에도 그들을 이방인으로 여기게 된 것입니다.

11 바빌론에 의한 남유다 왕국의 멸망(BC 587년경)

북이스라엘이 멸망할 때 남유다의 임금은 히즈키야였습니다. 그는 주님의 눈에 드는 옳은 일을 한 임금으로 기록되어 있습니다. 아시리아 임금 산헤립이 이스라엘을 멸망시키고 유다로 진격했지만 주님의 힘으로 예루살렘을 점령하지 못하고 돌아갑니다.

세월이 지나 비옥한 초승달 지대의 주도권은 바빌론 제국으로 넘어갔습니다. 유다의 임금들이 대부분 악한 길을 걸어갔기에 결국 주님께서는 유다도 바빌론의 손에 넘기셨습니다. 바빌론 임금 네부카드네자르가 예루살렘을 점령하여 임금과 왕족들, 고관들을 비롯해 많은 사람들을 바빌론으로 끌고 갔습니다. 그리고 예

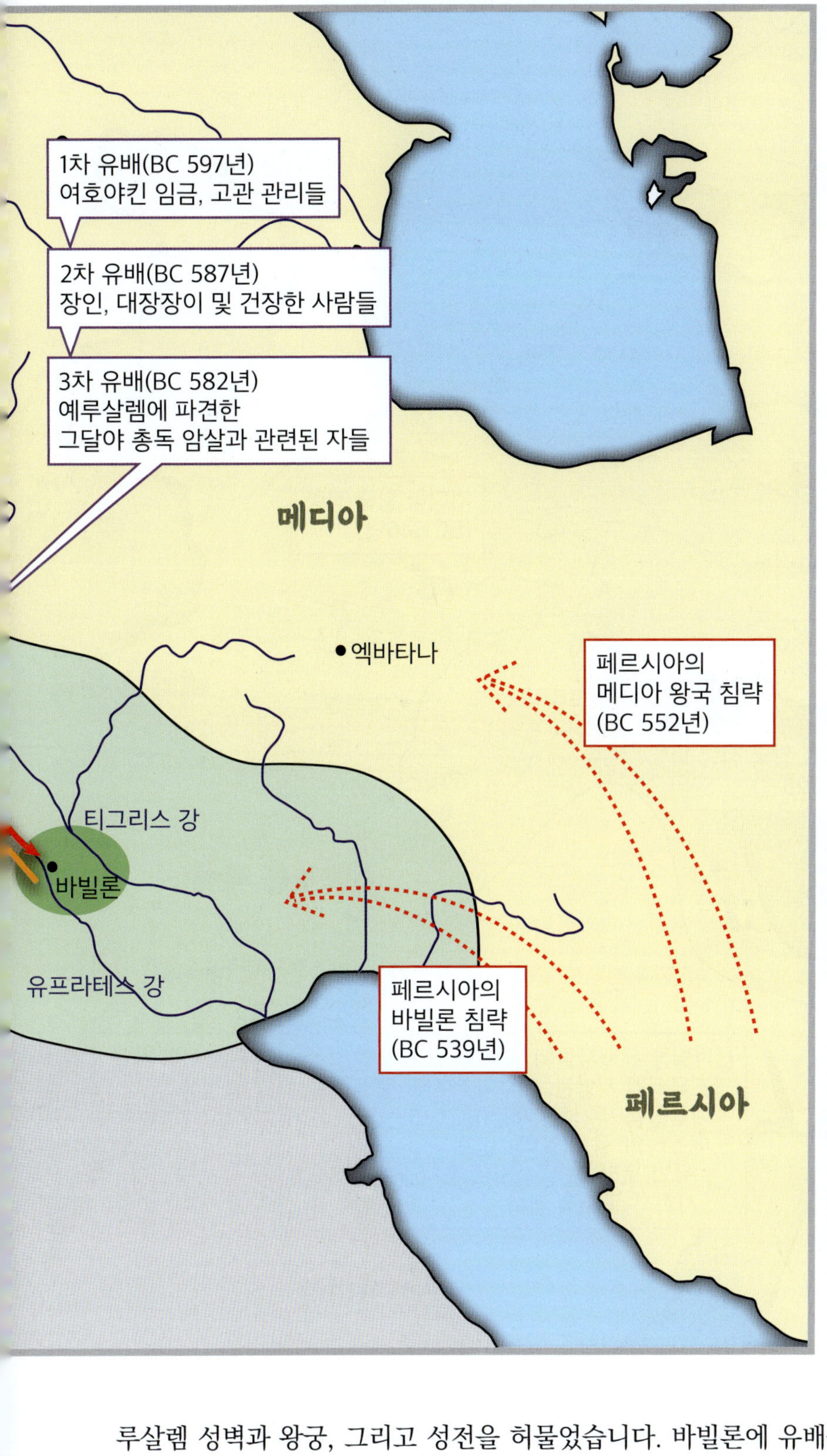

1차 유배(BC 597년)
여호야킨 임금, 고관 관리들
2차 유배(BC 587년)
장인, 대장장이 및 건장한 사람들
3차 유배(BC 582년)
예루살렘에 파견한
그달야 총독 암살과 관련된 자들
메디아
엑바타나
페르시아의
메디아 왕국 침략
(BC 552년)
티그리스 강
바빌론
유프라테스 강
페르시아의
바빌론 침략
(BC 539년)
페르시아

아시리아
제국
남
유다
신바빌론
제국
욥기, 잠언, 코헬렛
아가, 지혜서
이사야서, 애가
바룩서, 에제키엘서
다니엘서, 오바드야서
페르시아
제국

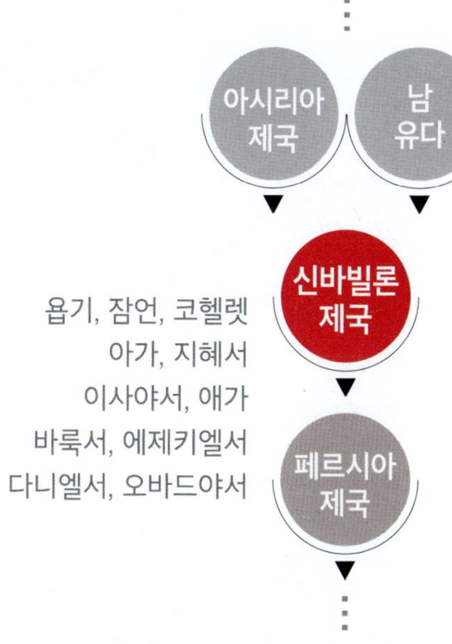

▶ 바빌론의 침략으로 유배를 떠나는 이스라엘 백성

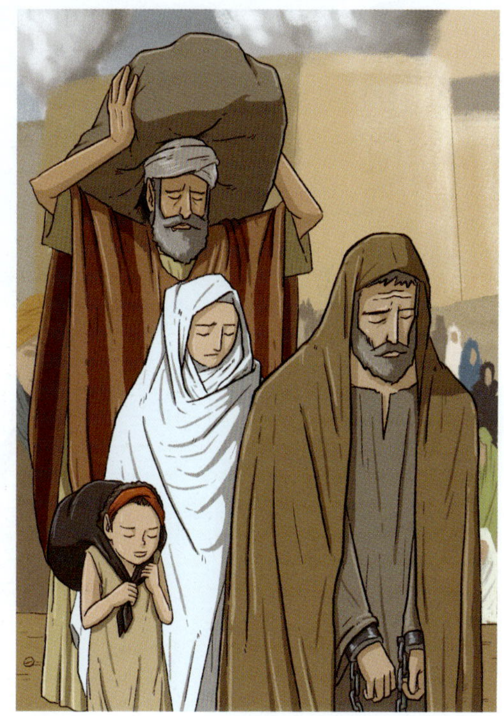

루살렘 성벽과 왕궁, 그리고 성전을 허물었습니다. 바빌론에 유배를 간 유다인들은 자신들의 행동을 뉘우치고 주님을 다시 찾게 됩니다. 주님께서 온 세상을 창조하시고 주관하시는 하느님이시며 악을 저지른 자신들을 꾸중하시기 위해 이방인들을 도구로 쓰셨음을 알게 됩니다. 그리고 주님께서 과거에 이집트에서 선조들을 구해 내신 것처럼 자신들도 다시 고향으로 돌려 보내시리라고 굳게 믿게 되었습니다.

수십 년이 지나 페르시아 제국이 바빌론 제국을 무너뜨립니다. 페르시아의 키루스 임금은 유배 중이던 유다인들을 다시 고향으로 돌아가도록 하였고, 예루살렘에 성전도 지을 수 있게 하였습니다.

12 페르시아 제국 시대(BC 550-330년경) : 유배자들의 귀환

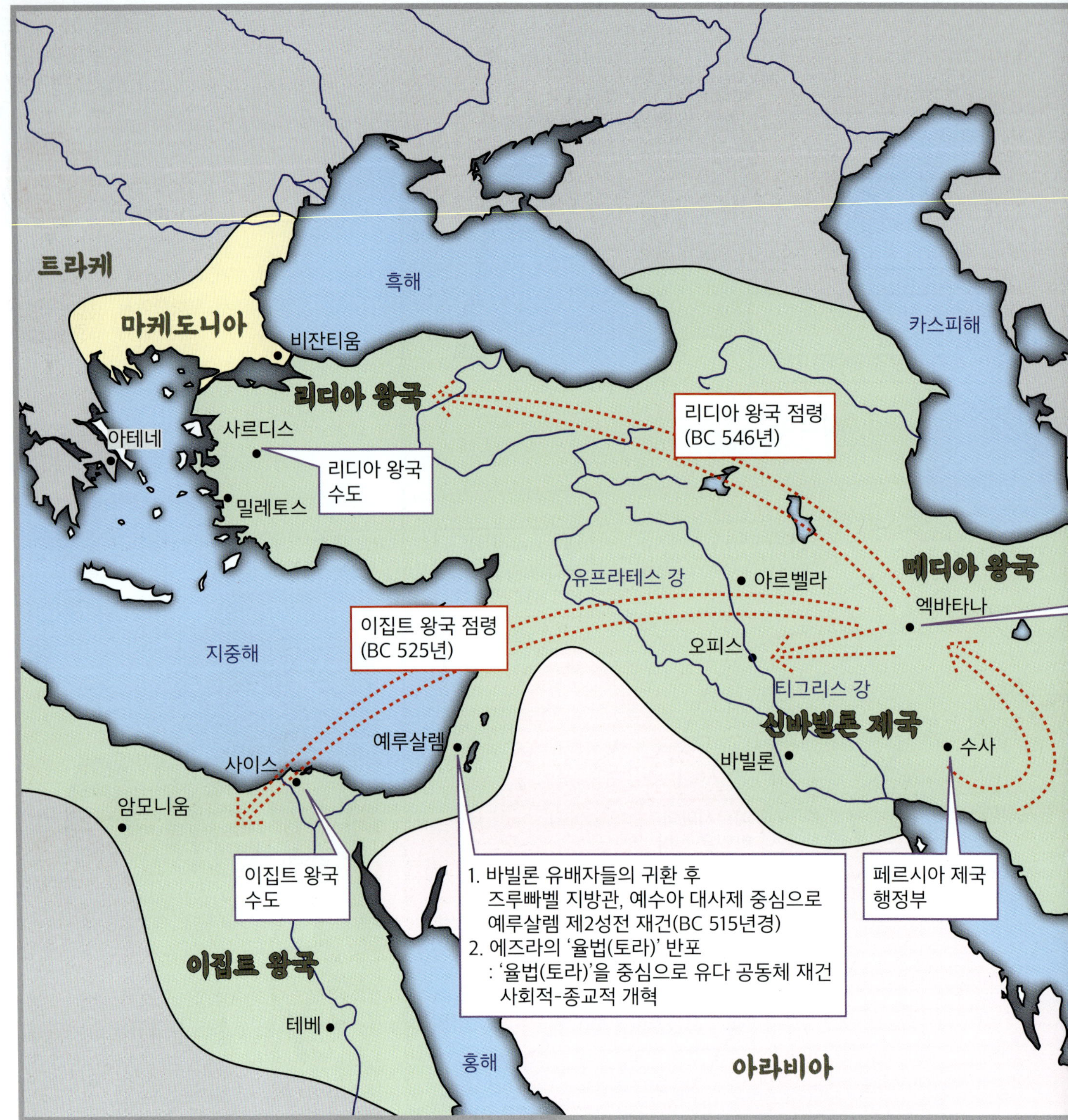

사람들을 섞어 놓으려던 아시리아 제국이나 바빌론 제국과는 달리 페르시아 제국은 제국에 충성을 다하기만 한다면 각 민족들이 살아오던 대로 살게 두었습니다. 덕분에 바빌론에서 유배 생활을 하던 이스라엘 사람들도 고향으로 돌아오게 되었습니다.

페르시아 임금 키루스는 칙명을 내려 유다인들을 돌려보내며 예루살렘에 성전을 짓게 하였고, 바빌론이 가져갔던 성전 기물들도 꺼내 주었습니다. 하지만 성전 재건은 쉽지 않았습니다. 사마리아 사람들이 성전 건축을 돕겠다고 했지만 유배에서 돌아온 사람들은 이를 거절했습니다. 그러자 오히려 성전 건축을 방해하기

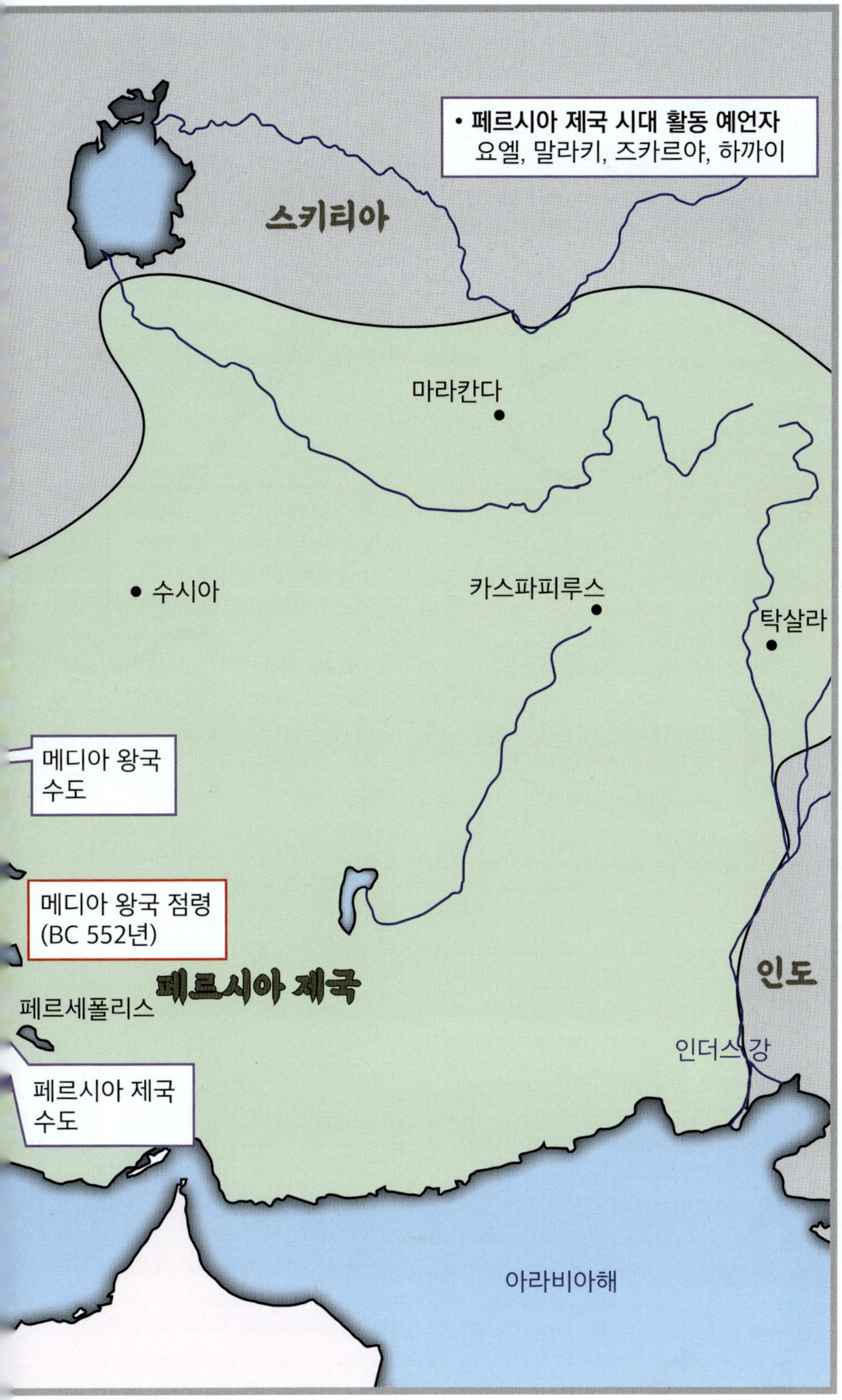
• 페르시아 제국 시대 활동 예언자
요엘, 말라키, 즈카르야, 하까이
스키티아
마라칸다
수시아
카스파피루스
탁살라
메디아 왕국
수도
메디아 왕국 점령
(BC 552년)
페르시아 제국
인도
페르세폴리스
인더스 강
페르시아 제국
수도
아라비아해

신바빌론 제국
▼
페르시아 제국
에즈라기
느헤미야기
에스테르기
요엘서
하까이서
즈카르야서
말라키서
▼
헬레니즘 제국
▼

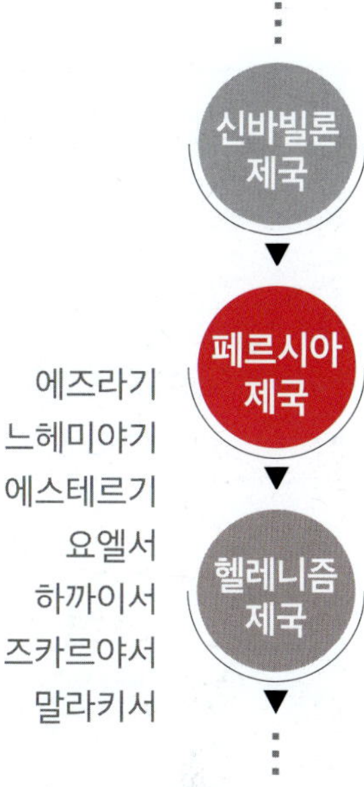

▶ 유배에서 돌아와 예루살렘 성전을 재건하는 이스라엘 백성

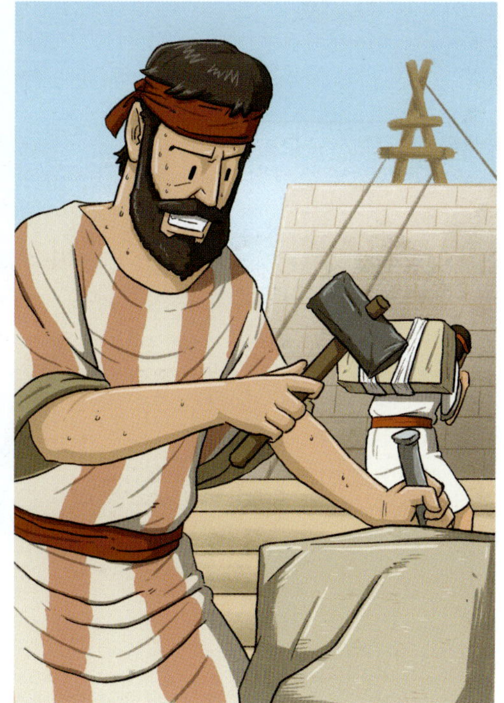

시작했기 때문입니다. 그들의 방해로 다리우스 임금 때까지 성전 재건은 난항을 겪었습니다. 하지만 페르시아 문서고에서 키루스 임금이 예루살렘 성전 재건을 명한 칙서가 발견되자 다리우스 임금은 성전 건설을 차질없이 시행하도록 명합니다. 그리하여 다리우스 임금 통치 제6년에 성전이 완공되었습니다.

아르타크세르크세스 임금 시절에 에즈라가 이끄는 사람들이 바빌론에서 예루살렘으로 돌아옵니다. 에즈라는 율법에 능통한 학자로 하느님을 충실하게 따르도록 사람들을 이끌었습니다. 또한 임금의 시종이었던 느헤미야도 예루살렘에 돌아와 성벽을 재건하고 율법에 따라 충실하게 살아가기로 사람들과 맹약을 맺었습니다.

13 헬레니즘 제국 시대 : 알렉산드로스 대왕과 후계자들의 왕국(BC 330-63년경)

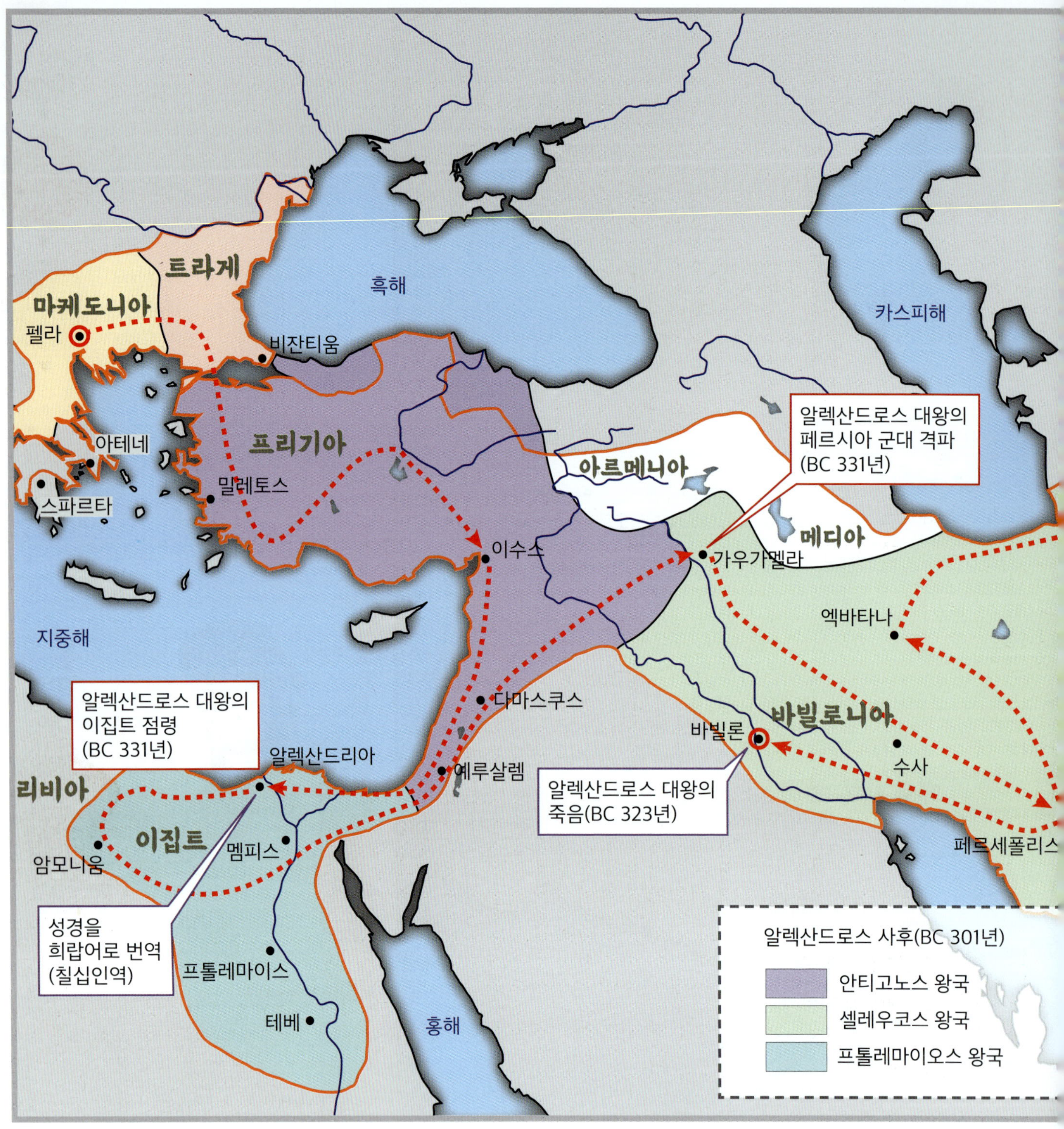

페르시아는 서쪽으로 영토를 넓혀 나가다 그리스와 충돌합니다. 그리스를 차지하기 위해 여러 차례 원정을 했지만 완전히 장악하지는 못했습니다. 페르시아 제국은 원정의 실패와 제국 안의 여러 요인들로 인해 정치적으로 혼란한 시기를 보내다 세력을 키운 마케도니아의 알렉산드로스 3세에게 멸망당합니다.

하지만 알렉산드로스 대왕은 바빌론에서 갑자기 숨을 거두고 맙니다. 그의 나이는 고작 32세로 왕자는 아직 태어나지 않은 상태였고, 후계자를 지명하지도 못한 상황이었습니다. 제국은 이내 혼란에 빠지게 되고 알렉산드로스 대왕 휘하의 대장군들은 합종연횡을 거듭하다 마케도니아 지역을 차지한 안티고노스 왕국, 아시

알렉산드리아 에스카타
마라칸다
니케아
파르티아
알렉산드로스 대왕의 페르세폴리스 함락 (BC 330년)
알렉산드리아
인더스 강
인도
파탈라
카산드로스 왕국
리시마코스 왕국
알렉산드로스 시대 최대 영토
알렉산드로스 대왕의 정복 전쟁 경로
아라비아해

▶ 정복 전쟁을 떠나는 알렉산드로스 대왕

아 지역을 차지한 셀레우코스 왕국, 이집트 지역을 차지한 프톨레마이오스 왕국으로 분열됩니다.

유다 지역은 처음에는 안티고노스 왕국이 차지하게 되었으나 이후 셀레우코스 왕국의 영역이 됩니다. 셀레우코스 왕국의 안티오코스 에피파네스(안티오코스 4세) 임금은 왕국 전체에 헬레니즘 문화를 강요하였습니다. 특히 다른 민족의 종교를 탄압하고 그리스의 신들을 믿게 하였습니다. 많은 사람이 임금의 명을 따라 율법을 저버리고 이민족의 문화와 종교를 받아들였지만, 끝까지 하느님께 충실하려는 사람들도 있었습니다.

14 헬레니즘 제국 시대 : 마카베오 항쟁(BC 166-63년경)

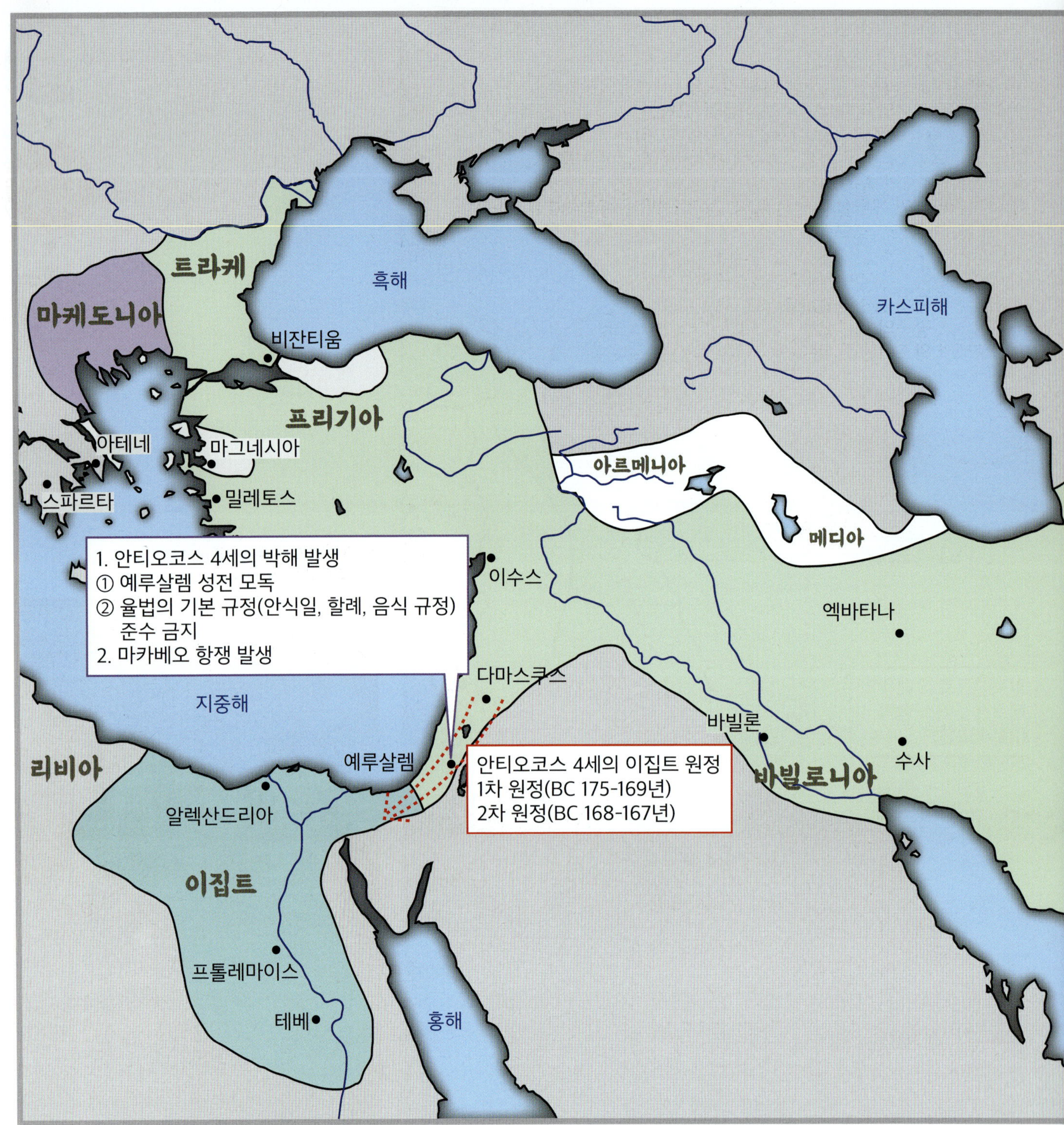

많은 사람이 왕명에 굴복하여 우상에게 제사를 바치고 할례의 흔적을 없애고 율법서를 불태우는 등 주님께서 보시기에 나쁜 행동을 하였습니다. 이교 제사를 거부하는 사람들은 잡혀가 죽었습니다. 그래도 율법에 충실하고자 목숨까지 바치며 저항한 사람들도 있었습니다. 율법학자인 엘아자르가 대표적입니다.

마타티아스 사제는 아들들과 동료들과 함께 군대를 조직하여 죄인들을 쳐부수고 이방신들의 제단을 헐어 버리는 등 저항을 이어 나갔습니다. 마타티아스의 아들인 유다 마카베오는 힘센 용사여서 아버지의 뒤를 이어 저항의 중심이 되었습니다. 마카베오는 여러 전투에서 큰 성과를 거두어 이방인들에게 더럽혀진 성전을

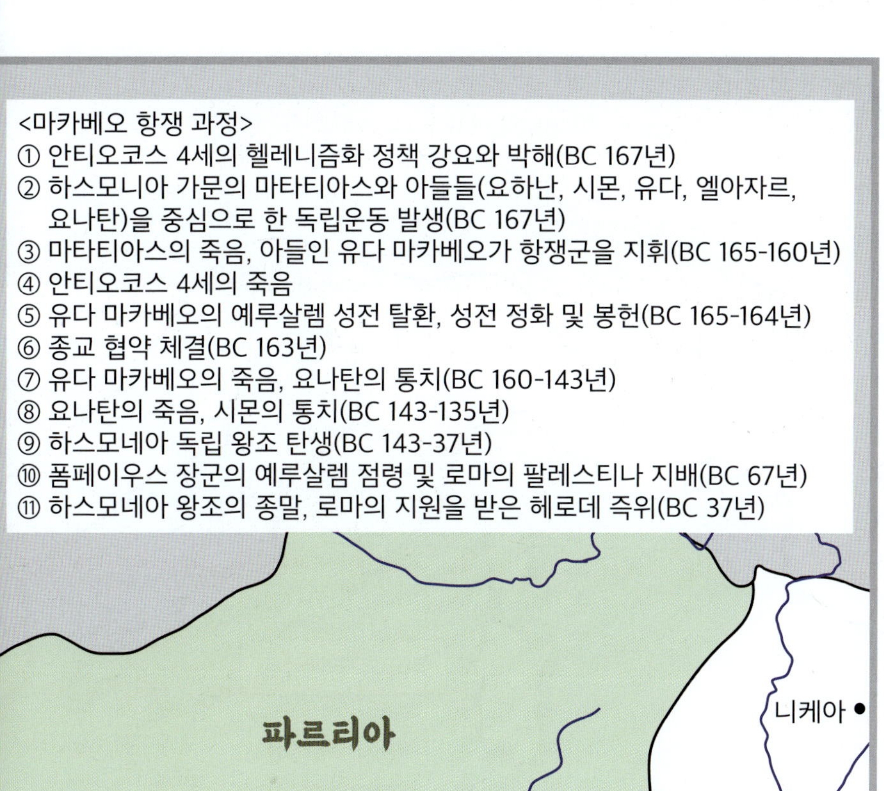

▶ 유다인들을 박해하고 율법서를 불태우는 안티오코스 4세 임금

정화하고 다시 봉헌하였습니다. 이를 기념하는 것이 오늘날까지 이어지는 하누카 축제(성전 봉헌 축제)입니다.

저항을 이어가던 유다 마카베오가 전사하고 그의 동생 요나탄이 그 뒤를 잇게 됩니다. 안티오코스 4세가 죽은 후 셀레우코스 왕국의 혼란 속에서 요나탄은 지도력과 외교력을 발휘해 유다의 자치를 얻어 냅니다. 그는 대사제이자 총독으로 유다를 다스리게 되었습니다. 하지만 그도 혼란 속에 배신당해 목숨을 잃습니다. 요나탄의 뒤는 형인 시몬이 이었고, 시몬의 아들 요한의 통치로 유다는 잠시나마 독립 국가를 이룹니다. 이 왕조를 하스모네아 왕조라고 부릅니다.

15 로마 시대(BC 63년경)

헬레니즘 제국을 무너뜨린 것은 서쪽에서 온 로마였습니다. 한때 페르시아까지 지배하던 셀레우코스 왕국은 수많은 나라들로 쪼개지고, 시리아 지역만을 간신히 통치하고 있었습니다. 그런 상황에도 셀레우코스 왕조는 권력 투쟁을 그치지 않았고, 결국 로마의 폼페이우스에 의해 멸망당하고 맙니다.

유다의 하스모네아 왕조도 상황은 마찬가지여서 형인 대사제 히르카노스 2세와 동생인 왕 아리스토불로스 2세가 권력 다툼을 하다가 로마를 끌어들이게 됩니다. 분쟁을 중재하기 위해 유다에 들어온 폼페이우스는 기원전 63년에 예루살렘을 점령하고 히르카노스 2세를 대사제로 두고 아리스토불로스 2세와 가족을 로

▶ 세계를 호령한 로마 제국의 군대

마로 끌고 갑니다.

이 사이에 이두매아인 안티파트로스가 실권을 잡게 됩니다. 그는 폼페이우스가 밀려나고 카이사르가 로마를 장악하자 재빨리 그의 편을 들었습니다. 카이사르는 안티파트로스를 유다의 총독에 임명하였습니다. 안티파트로스는 기원전 44년 카이사르가 암살당하고 얼마 지나지 않아 독살당합니다. 그의 아들인 헤로데는 뛰어난 정치 감각으로 권력을 장악하고 아버지의 뒤를 잇습니다. 로마의 지지를 업은 헤로데는 유다 왕국의 왕이 됩니다. 그가 바로 예수님이 태어나실 때 임금인 헤로데 대왕입니다.

16 예수님 유년 시절의 팔레스티나 지역

▶ 로마의 후원을 받아 유다 지역을 다스린 헤로데 대왕

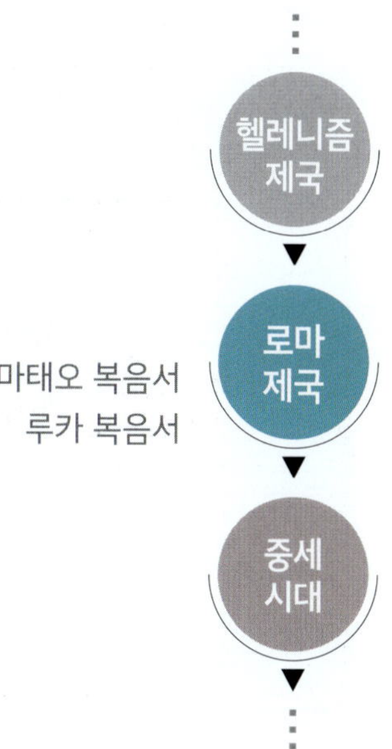

유다를 장악한 헤로데 대왕은 정통성이 약했습니다. 그는 다윗의 후손도 아니었으며, 심지어 이스라엘의 후손도 아니었습니다. 아버지 안티파트로스 때부터 유다교로 개종하기는 하였지만, 이두매아인이라는 혈통 때문에 유다인들은 헤로데를 좋아하지 않았습니다. 헤로데는 부인과 자식이 있었음에도 하스모네아 왕조의 공주인 마리암네와 결혼하여 자신의 정통성을 확보하려고 하였습니다.

유다 왕국의 왕이 된 헤로데는 주변 지역을 정복하여 거의 다윗, 솔로몬 임금 시절에 필적할 영토를 차지합니다. 또한 예루살렘 성전을 크게 증축하고, 궁궐을 지었으며, 카이사리아 등 새로운 도시를 건설하였습니다. 비록 로마의 속국이었지만, 헤로데 대왕 시대의 유다는 그 지역에서 부강한 나라가 되었습니다.

하지만 헤로데 대왕은 자신의 권력을 위협하는 세력들을 잔인하게 처단했습니다. 헤로데는 그가 왕권을 잡는 데 큰 역할을 했던 왕비 마리암네와 그 사이에서 태어난 아들, 알렉산드로스와 아리스토불로스 4세를 처형하였고, 첫째 부인과의 사이에서 태어난 장남 안티파트로스 2세도 결국 사형에 처하고 맙니다. 마태오 복음서에 등장하는 베들레헴의 아기들을 죽인 사건도 자신의 권력에 방해될 만한 자는 가차없이 처단하는 헤로데의 잔혹함을 잘 보여 줍니다.

그렇게 권력에 집착한 헤로데도 결국 세상을 떠나게 됩니다. 헤로데는 그의 아들들에게 나라를 나누어 주는데, 유다는 헤로데 아르켈라오스에게, 갈릴래아는 헤로데 안티파스에게, 골란 고원과 바타나이아는 헤로데 필립포스에게 물려주었습니다. 하지만 아르켈라오스는 폭정을 거듭하다 서기 6년에 로마 황제에 의해 파면당하고 유다는 총독이 직접 통치하는 지역이 됩니다.

그리하여 예수님의 공생활 무렵에 유다 총독은 서기 26년에 부임한 본시오 빌라도였고, 헤로데 안티파스와 헤로데 필립포스는 자기 영토를 다스렸습니다.

17 마태오 복음서로 살펴본 예수님의 행적

[장, 절에 따른 세부 내용]

1 예수님 탄생(1장)
2 이집트 피신(2장)
3 유년 시절(2장)
4 세례 받으심(3장)
5 광야에서 유혹을 받으심(4장)
6-1 갈릴래아 전도(4장)
6-2 어부 네 사람을 제자로 부르심(4장)
6-3 산상 설교(5-7장)
6-4 치유 기적(8장) : 백인대장의 종의 치유, 베드로의 병든 장모 치유, 많은 병자의 치유
7 풍랑을 가라앉히심(8장)
8 마귀들을 쫓아내심(8장)
9-1 치유 기적(9-12장) : 중풍 병자를 고치심, 야이로의 딸을 살리심, 하혈하는 부인을 낫게 하심, 눈먼 두 사람을 고치심, 말못하는 이를 고치심, 안식일에 손이 오그라든 사람을 고치심, 마귀 들린 사람을 고치심
9-2 마태오를 부르시고 세리들과 식사를 같이하심(9장)
9-3 단식 논쟁(9장)
9-4 열두 사도를 뽑으심(10장)
9-5 가르침(10-12장) : 박해를 각오할 것, 두려워 말고 복음을 선포할 것, 버림과 따름, 세례자 요한의 의미, 회개하지 않는 고을들에 대한 말씀, 예수님의 멍에를 함께 질 것, 말과 마음, 예수님의 참가족
9-6 바리사이들과의 논쟁(12장) : 안식일에 밀 이삭을 뜯고, 손이 오그라든 사람을 고치심
9-7 가르침(13장) : 씨 뿌리는 사람의 비유, 가라지의 비유, 겨자씨의 비유, 누룩의 비유, 보물의 비유, 진주 상인의 비유, 그물의 비유
10 나자렛에서 무시를 당하심(13장)
11 기적(14장) : 오천 명을 먹이심
12 물 위를 걸으심(14장)
13-1 치유 기적(14장) : 겐네사렛에서 병자들을 고치심
13-2 조상들의 전통 논쟁(15장)
14 가나안 여자의 믿음(15장)
15-1 치유 기적(15장) : 많은 병자를 고치심
15-2 사천 명을 먹이심(15장)
16 바리사이들과 사두가이들과의 논쟁(16장) : 표징을 요구하는 바리사이들과 사두가이들, 바리사이들과 사두가이들의 가르침을 조심하라고 이르심

[마태오 복음 개요]

장 / 절	주제	해당 번호
1,1-4,11	예수님의 유년 사화	1, 2, 3, 4, 5
4,12-18,35	갈릴래아 선교: 하늘 나라 선포	6, 7, 8, 9, 10, 11, 12, 13, 14, 15, 16, 17, 18, 19
19,1-20,34	예루살렘으로 향한 여정	20, 21
21,1-25,46	예루살렘 선교: 종말론적 심판 설교	22, 23, 24
26,1-28,20	죽음과 부활	25, 26, 27

마태오 복음서

17 베드로의 신앙 고백, 첫 번째 수난 / 부활 예고, 십자가를 지고 예수님을 따르라는 가르침(16장)
18 영광스러운 모습으로 변모, 엘리야의 재림에 대한 이야기와 세례자 요한의 의의에 대한 가르침, 아이에게서 마귀를 쫓아내심(17장)
19-1 두 번째 수난 / 부활 예고(17장)
19-2 가르침(17-18장) : 성전세에 대한 가르침, 하늘 나라에서 가장 큰 사람, 죄의 유혹을 물리칠 것, 작은 이들을 업신여기지 말 것, 되찾은 양의 비유, 형제의 죄를 깨우쳐 줄 것, 함께 기도할 것, 죄에 대한 용서, 매정한 종의 비유, 혼인에 대한 가르침, 하느님 나라와 부자
20-1 가르침(19-20장) : 따름과 보상, 선한 포도밭 주인의 비유
20-2 세 번째 수난 / 부활 예고(20장)
20-3 가르침(20장) : 섬기는 사람이 될 것
21 눈먼 두 사람을 고치심(20장)
22 예루살렘 입성, 성전 정화(21장)
23 베타니아에서 휴식(21장)
24-1 무화과나무 저주(21장)
24-2 예수님의 권한 논쟁(21장)
24-3 가르침(21-22장): 두 아들의 비유, 포도밭 소작인의 비유, 혼인 잔치의 비유, 황제에게 세금을 바치는 문제, 부활 논쟁, 가장 큰 계명
24-4 율법 학자들과 바리사이들을 꾸짖으심(23장)
24-5 예루살렘을 향한 한탄, 성전 파괴 예고(23-24장)
24-6 가르침(24-25장): 깨어 있을 것, 충실한 종과 불충실한 종, 열 처녀/탈렌트의 비유, 최후의 심판
25 예수님의 머리에 향유를 부은 여인(26장)
26 수난 여정(26-28장): 최후의 만찬(성찬례 제정), 베드로의 배반 예고, 겟세마니에서의 기도, 붙잡히심, 최고 의회에서의 신문, 베드로의 부인, 빌라도의 신문, 유다의 자살, 사형 선고, 십자가에 못 박히심, 죽음, 부활, 여자들에게 나타나심
27 제자들과의 만남, 파견(28장)

18 마르코 복음서로 살펴본 예수님의 행적

[장, 절에 따른 세부 내용]

1 예수님의 유년 시절(1장)

2 세례자 요한에게 세례를 받으심(1장)

3 광야에서 유혹을 받으심(1장)

4 어부 네 사람을 제자로 부르심(1장)

5 치유 기적(1장) : 회당에서 더러운 영을 쫓아내심, 시몬의 병든 장모를 고치심, 많은 병자를 고치심

6-1 복음 선포(1장)

6-2 나병 환자를 고치심(1장)

7-1 치유 기적(2장) : 중풍 병자를 고치심

7-2 레위를 부르심(2장)

7-3 세리, 죄인들과 함께 식사를 하심(2장)

7-4 바리사이들과의 논쟁(2-3장) : 단식 논쟁, 안식일 노동 / 치유 행위 논쟁

7-5 예수님을 보기 위해 몰려든 군중과의 만남(3장)

7-6 열두 사도를 뽑으심(3장)

7-7 가르침(3장) : 성령을 모독하는 행위를 하지 말 것, 예수님의 참가족(하느님의 뜻을 실행하는 사람)

7-8 가르침(4장) : 씨 뿌리는 사람의 비유, 등불의 비유, 저절로 자라는 씨앗의 비유, 겨자씨의 비유

7-9 기적(4장) : 풍랑을 가라앉히시는 예수님

8 마귀들과 돼지 떼(5장)

9 치유 기적(5장) : 회당장 야이로의 딸을 살리심, 하혈하는 여인을 고쳐 주심

10 고향에서 무시를 당하심(6장)

11-1 열두 제자를 파견하심(6장)

11-2 기적(6장) : 오천 명을 먹이심

11-3 기적(6장) : 물 위를 걸으심

12-1 병자들을 고치심(6장)

12-2 바리사이들과 율법 학자들과의 논쟁(7장) : 조상들의 전통에 관한 논쟁

13 치유 기적(7장) : 더러운 영이 들린 시리아 페니키아 여인의 딸에게서 마귀를 쫓아내심

14 시돈으로 이동

15 데카폴리스로 이동

16-1 치유 기적(7장) : 귀먹고 말 더듬는 이를 고쳐 주심

16-2 사천 명을 먹이신 기적(8장)

17 바리사이들과의 논쟁(8장) : 하늘에서 오는 표징을 요구하는 바리사이들

18 가르침(8장) : 바리사이들과 헤로데의 누룩(악의)에 대한 경고, 빵의 기적의 의미를 깨닫지 못하는 제자들을 가르치심

[마르코 복음 개요]

장 / 절	주제		해당 번호
1,1-8,30	갈릴래아 활동기: 하느님 나라 선포		
	1,1-4,34	갈릴래아 호수 서쪽 (유다인 지역)	1, 2, 3, 4, 5, 6, 7
	4,35-8,30	갈릴래아 호수 동쪽 (이방인 지역)	8, 9, 10, 11, 12, 13, 14, 15, 16, 17, 18, 19, 20
8,31-10,52	수난 예고&제자 교육 : 예수님을 따르는 길		21, 22, 23, 24, 25, 26
11,1-16,20	예루살렘 활동기: 수난-죽음-부활 (예수님의 마지막 한 주간)		27, 28, 29, 30

마르코 복음서

19 치유 기적(8장) : 눈먼 이를 고쳐 주심

20 베드로의 신앙 고백(8장)

21 첫 번째 수난 / 부활 예고, 십자가를 지고 예수님을 따르라는 가르침(8장)

22 영광스러운 모습으로 변모, 엘리야의 재림에 대한 이야기, 아이에게서 더러운 영을 쫓아내심(9장)

23-1 두 번째 수난 / 부활 예고(9장)

23-2 가르침(9장) : 첫째가 되려면 모든 이의 꼴찌가 되고 종이 될 것, 직접적으로 반대하지 않는 사람을 긍정적으로 바라볼 것, 죄의 유혹을 단호하게 물리칠 것, 희생 정신을 바탕으로 평화롭게 지낼 것

24 가르침(10장) : 혼인과 이혼에 대한 가르침, 어린이와 같이 하느님께 온전히 의존하며 살아갈 것, 모든 것을 버리고 하느님을 따를 것, 하느님 나라에서의 보상

25-1 세 번째 수난 / 부활 예고(10장)

25-2 가르침(10장) : 야고보와 요한의 간청 → 모든 이의 종이 되고 섬기는 사람이 될 것

26 치유 기적(10장) : 눈먼 이를 고쳐 주심

27 예루살렘 입성, 무화과나무를 저주(11장)

28-1 성전 정화(11장)

28-2 가르침(11장) : 하느님을 믿을 것, 하느님께 용서받기 위해서 먼저 사람들의 죄를 용서할 것

28-3 예수님의 권한 논쟁(11장)

28-4 가르침(12장) : 포도밭 소작인의 비유, 황제에게 세금을 내는 문제, 부활 논쟁, 가장 큰 계명, 다윗의 자손이시며 주님이신 예수님, 율법 학자들의 위선에 대한 경고, 가난한 과부의 헌금

28-5 성전 파괴 예고(13장)

28-6 가르침(13장) : 거짓 예언자들에게 속지 말 것, 끝까지 박해를 견뎌내면 구원을 받을 것, 거짓된 표징과 이적을 조심할 것, 무화과나무의 교훈, 늘 깨어 있을 것

29 어떤 여자가 예수님의 머리에 향유를 부음(14장)

30 최후의 만찬 준비, 제자의 배반을 예고, 성찬례 제정, 베드로의 배반을 예고, 겟세마니에서 기도, 잡히심, 최고 의회에서 신문을 받으심, 조롱당하심, 빌라도에게 신문을 받으심, 사형 선고, 군사들의 조롱을 당하심, 십자가에 못 박히심, 죽음, 묻히심, 부활하심, 마리아 막달레나에게 나타나심, 두 제자에게 나타나심, 제자들에게 나타나 사명을 부여하심, 승천하심(14-16장)

19 루카 복음서로 살펴본 예수님의 행적

[장, 절에 따른 세부 내용]

루카 복음서

1 예수님 탄생 예고(1장)
2 예수님 탄생(2장)
3 성전에서 아기 예수님을 봉헌, 시메온과 한나의 예언(2장)
4 예수님의 유년 시절(2장)
5 성전에서 율법 교사들과 이야기를 나누는 소년 예수님(2장)
6 예수님의 소년 시절(2장)
7 세례를 받으심(3장)
8 광야에서 유혹을 받으심(4장)
9 전도 활동 시작(4장)
10 회당에서 이사야 예언자의 두루마리를 읽고 희년(은혜로운 해)을 선포하심(4장)
11-1 치유 기적(4장) : 더러운 영을 쫓아내심, 시몬의 병든 장모를 고치심, 많은 병자를 고치심
11-2 여러 회당에서 복음을 선포하심(4장)
12-1 어부들을 제자로 부르심(5장)
12-2 치유 기적(5장) : 나병 환자를 고치심, 중풍 병자를 고치심
12-3 레위를 부르시고 세리들과 함께 음식을 드심(5장)
12-4 바리사이, 율법 학자와의 논쟁(5-6장) : 단식 논쟁-새것과 헌것, 안식일 노동 / 치유 행위 논쟁
12-5 열두 사도를 뽑으심(6장)
12-6 가르침(6장) : 참행복 선언, 불행 선언, 원수를 사랑할 것, 남을 심판하지 말 것, 좋은 나무는 좋은 열매를 맺음, 예수님의 말을 실행할 것
13 치유 기적(7장) : 백인대장의 병든 종을 고치심
14-1 치유 기적(7장) : 과부의 외아들을 살리심
14-2 세례자 요한의 질문에 대해서 답하심, 세례자 요한에 대해서 말씀하심(7장)
14-3 죄 많은 여인을 용서하심(7장)
15-1 여러 고을과 마을에서 하느님 나라를 선포하심(8장)
15-2 가르침(8장) : 씨 뿌리는 사람의 비유, 등불의 비유, 예수님의 참가족
16 기적(8장) : 풍랑을 가라앉히시는 예수님
17 마귀들과 돼지 떼(8장)
18-1 치유 기적(8장) : 회당장 야이로의 딸을 살리심, 하혈하는 여인을 고쳐 주심
18-2 열두 제자를 파견하심(9장)
19-1 기적(9장) : 오천 명을 먹이심
19-2 베드로의 신앙 고백, 첫 번째 수난 / 부활 예고, 십자가를 지고 예수님을 따르라는 가르침(9장)
20-1 영광스러운 모습으로 변모, 아이에게서 더러운 영을 쫓아내심(9장)
20-2 두 번째 수난 / 부활 예고(9장)
20-3 가르침(9장) : 가장 큰 사람이 되기 위해서 가장 작은 사람이 되려고 노력할 것, 직접적으로 반대하지 않는 사람을 긍정적으로 바라볼 것
21 사마리아 사람들로부터 환영받지 못함(9장)
22-1 가르침(9장) : 모든 것을 버리고 하느님을 따를 것
22-2 일흔두 제자를 파견(10장)
22-3 회개하지 않는 고을(코라진, 벳사이다, 카파르나움)에 대한 경고(10장)
22-4 가르침(10장) : 아버지와 아들의 관계, 가장 큰 계명
22-5 가르침(10장) : 착한 사마리아인의 비유
23 마리아와 마르타를 방문하심(10장)
24-1 가르침(11-17장) : 주님의 기도, 끊임없이 간청할 것, 되돌아오는 악령, 하느님의 말씀을 듣고 지키는 데서 오는 참행복, 마음의 빛을 살필 것, 바리사이들과 율법 학자들의 위선을 꾸짖으심, 두려워하지 말고 복음을 선포할 것, 탐욕을 조심할 것, 하느님 나라의 풍요로움을 믿고 세상 걱정을 버린 채 보물을 하늘에 쌓아 둘 것, 충실한 종으로서 깨어 기도할 것, 늦기 전에 화해할 것, 회개할 것, 열매를 맺지 못하는 무화과나무의 비유, 겨자씨의 비유, 누룩의 비유, 구원과 멸망에 대한 가르침, 겸손되이 자신을 낮출 것, 가난한 이들을 환대할 것, 혼인 잔치의 비유, 모든 것을 버리고 예수님을 따를 것, 되찾은 양의 비유, 되찾은 은전의 비유, 되찾은 아들의 비유, 약은 집사의 비유, 재물을 올바르게 사용할 것, 하느님만을 섬길 것, 부자와 라자로의 비유, 남을 죄짓게 하지 말 것, 형제의 죄를 용서할 것, 겸손하게 섬길 것
24-2 치유 기적(13-14장) : 등 굽은 여자를 안식일에 고쳐 주심, 수종을 앓는 이를 안식일에 고쳐 주심
25 치유 기적(17장) : 열 명의 나병환자를 고쳐 주심
26-1 가르침(17-18장) : 우리 안에 있는 하느님 나라, 사람의 아들의 날, 과부의 청을 들어주는 불의한 재판관의 비유, 바리사이와 세리의 비유, 어린이와 같이 하느님 나라를 받아들일 것, 하느님의 나라와 부자, 따름과 보상
26-2 세 번째 수난 / 부활 예고(18장)
27-1 치유 기적(18장) : 눈먼 이를 고쳐 주심
27-2 자캐오를 부르심(19장)
27-3 가르침(19장) : 미나의 비유
28-1 예루살렘 입성 및 멸망 예고(19장)
28-2 성전 정화(19장)
28-3 가르침(20-21장) : 포도밭 소작인의 비유, 황제에게 세금을 바치는 문제, 예수님의 육적 혈통 문제, 율법 학자들의 위선을 조심할 것, 늘 깨어 있을 것

28-4 예수님의 권한 논쟁, 부활 논쟁(20장)
28-5 가난한 과부의 헌금을 칭찬하심(21장)
28-6 성전 파괴 예고, 예루살렘 멸망 예고, 사람의 아들이 오시는 날(21장)
28-7 유다의 배신(22장)
28-8 최후의 만찬, 성찬례 제정(22장)
28-9 제자의 배신을 예고(22장)
28-10 가르침(22장) : 섬기는 사람이 될 것
28-11 베드로의 부인을 예고(22장)
28-12 겟세마니에서의 기도(22장)
28-13 수난 여정(22-24장) : 붙잡히심, 베드로의 부인, 조롱당하심, 최고 의회에서 신문받으심, 빌라도에게 신문받으심, 헤로데에게 신문받으심, 사형 선고, 십자가에 못 박히심, 죽음, 묻히심, 부활
29 엠마오로 가는 두 제자에게 나타나심(24장)
30 제자들에게 나타나시어 사명을 부여하심(24장)
31 승천하심(24장)

[루카 복음 개요]

장 / 절	주제	해당 번호
1-2장	머리말 : 세례자 요한의 출생, 예수님 탄생	1, 2, 3, 4, 5, 6
3,1-9,50	갈릴래아 활동 : 유다인 지역에서 활동	7, 8, 9, 10, 11, 12, 13, 14, 15, 16, 17, 18, 19, 20
9,51-19,27	예루살렘 상경 : 제자 교육	21, 22, 23, 24, 25, 26, 27
19,28-24,53	예루살렘 활동 : 예루살렘 선교와 구원사업의 완성	28, 29, 30, 31

20 요한 복음서로 살펴본 예수님의 행적

요한
복음서

[장, 절에 따른 세부 내용]

1-1 세례자 요한의 증언, 첫 제자들을 부르심(1장)
1-2 필립보와 나타나엘을 부르심(1장)
2 혼인 잔치의 첫 기적(2장)
3 카파르나움에 머무르심(2장)
4-1 성전 정화(2장), 성전을 사흘 안에 다시 세우겠다고 선언하심(2장)
4-2 가르침 : 최고 의회 의원인 니코데모와 위로부터 다시 태어남에 대한 대화(3장)
5 세례를 베푸심(3장)
6 가르침(4장) : 사마리아 여인과의 대화(영원한 생명을 주는 물이신 예수님), 사마리아인들에게 복음 선포
7 갈릴래아에서 머무르심(4장)
8 치유 기적(4장) : 왕실 관리의 아들을 살리심
9-1 치유 기적(5장) : 벳자타 못에서 병자를 고치심
9-2 유다인들과의 논쟁(5장) : 아드님의 권한, 예수님을 믿게 하는 증언(예수님이 하고 있는 일들, 아버지 하느님, 성경)
10 기적(6장) : 오천 명을 먹이심
11 기적(6장) : 물 위를 걸으심
12 가르침(6장) : 생명의 빵이신 예수님, 영원한 생명의 말씀을 전하시는 예수님, 유다 이스카리옷의 배반 예고
13 예수님을 믿지 않는 예수님의 형제들(7장), 하느님의 때를 기다리시는 예수님(7장)
14-1 가르침(7장) : 초막절에 가르치심, 예수님을 믿지 않는 수석 사제들과 바리사이들
14-2 간음하다 붙잡힌 여인을 용서하시는 예수님(8장)
14-3 가르침(8장) : 세상의 빛이신 예수님, 십자가 사건을 통해 드러나게 될 예수님의 신원, 아브라함을 넘어서 태초부터 계셨던 예수님
14-4 치유 기적(9장) : 태생 소경을 고쳐 주심
14-5 바리사이들과의 논쟁(9장) : 안식일 논쟁, 예수님이 행하신 기적의 근원 논쟁
14-6 가르침(10장) : 양 떼를 위해 목숨을 바치는 착한 목자이신 예수님
14-7 솔로몬 주랑에서 유다인들로부터 배척을 받으시는 예수님(10장)
15 세례자 요한이 세례를 주던 요르단 강 건너편에서 머무르심(10장)
16 기적(11장) : 라자로를 살리심

[요한 복음 개요]

장 / 절	주제	해당 번호
1,1-18	로고스 찬가	
1,19-12,50	표징의 책(일곱 개의 표징) ① 혼인 잔치에서 물을 포도주로 바꾸심 ② 왕실 관리의 아들을 살리심 ③ 벳자타 못에서 병자를 고치심 ④ 오천 명을 배불리 먹이심 ⑤ 물 위를 걸으심 ⑥ 태생 소경을 고쳐 주심 ⑦ 라자로를 다시 살리심	1, 2, 3, 4, 5, 6, 7, 8, 9, 10, 11, 12, 13, 14, 15, 16, 17, 18, 19
13,1-20,31	영광의 책: 예수님의 수난, 죽음, 부활	20
21,1-25	맺음말	21

17 최고 의회를 열어 예수님을 죽이기로 결심한 수석 사제들과 바리사이들을 피해 에프라임에서 머무르심(11장)
18 마리아가 예수님의 발에 향유를 붓고 머리카락으로 닦음(12장)
19-1 예루살렘 입성(12장)
19-2 그리스인들과의 만남(12장)
19-3 가르침(12장) : 자기 목숨을 버리고 예수님을 따라 영원한 생명을 얻을 것, 사람의 아들이 들어 올려져야 함을 예고, 세상을 심판하시기 위함이 아니라 구원하시기 위해서 빛으로 오신 예수님
19-4 유다인들의 불신(12장)
20-1 제자들의 발을 씻겨 주심(13장)
20-2 유다의 배신을 예고하심(13장)
20-3 가르침(13장) : 서로 사랑하라는 새 계명을 주심
20-4 베드로의 배반을 예고(13장)
20-5 가르침(14장) : 아버지께 가는 길, 예수님을 본 사람은 하느님 아버지를 본 것이니 예수님을 끝까지 믿을 것
20-6 보호자 성령을 보내 주실 것을 약속(14장)
20-7 가르침(15-16장) : 계명을 지키면서 참포도나무인 예수님 안에 머무를 것, 성령께서 오실 때까지 세상의 박해를 끝까지 견딜 것
20-8 이별과 재회의 기쁨 예고(16장)
20-9 당신 자신과 제자들, 믿는 이들을 위한 기도(17장)
20-10 수난 여정(18-20장): 붙잡히심, 한나스의 신문, 베드로의 부인, 빌라도의 신문, 사형 선고, 십자가에 못 박히심, 죽음, 묻히심, 부활, 마리아 막달레나에게 나타나심, 시몬 베드로와 사도 요한의 빈 무덤 방문(18-20장)
20-11 마리아 막달레나에게 나타나심, 제자들에게 나타나시어 사명을 부여하심, 토마스의 불신(20장)
21 일곱 제자에게 나타나심, 베드로에게 양들을 돌보라는 사명을 맡기심(21장)

21 예수님의 수난 여정

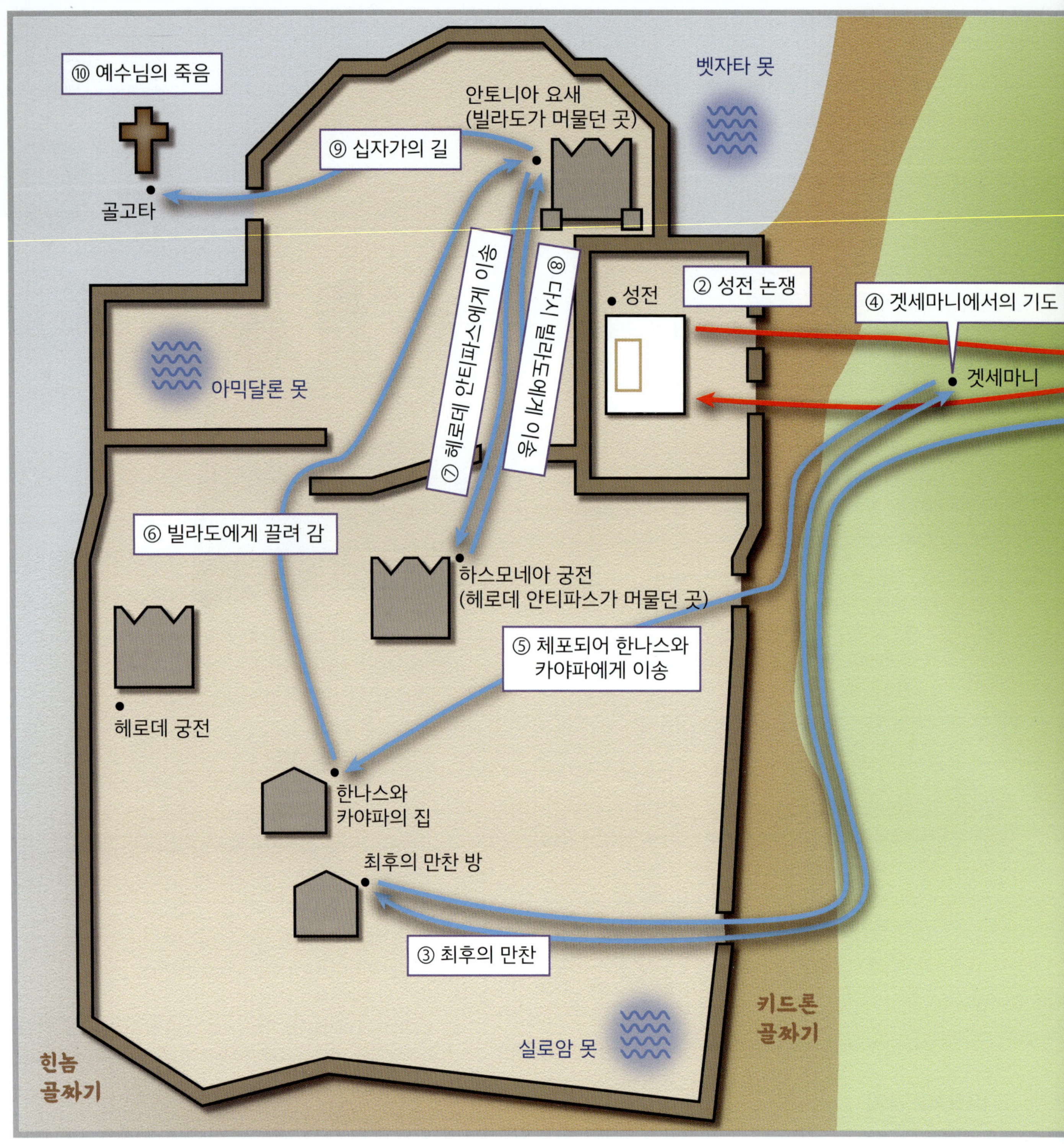

갈릴래아에서 주로 활동하시던 예수님께서 예루살렘에 올라가실 때는 요르단강을 따라 유다로 내려오신 다음 베타니아를 거쳐 올리브산을 넘어 예루살렘에 들어가셨습니다. 베타니아에는 예수님께서 친구로 지내신 라자로와 마르타, 마리아 남매가 살고 있어서 예루살렘에 가실 때에는 그 집에서 머무르시곤 했습니다.

예루살렘에 입성하신 뒤에도 도성에서 머무르시지 않고 베타니아에서 지내셨습니다. 때가 되자 예수님께서는 제자들과 마지막 만찬을 하시려고 예루살렘으로 들어가셨습니다. 만찬을 마치신 예수님께서는 성 밖으로 나가 올리브 기름을 짜는 틀(겟세마니) 옆에 있는 정원에서 기도하시다가 유다의 배신으로 체포됩니다.

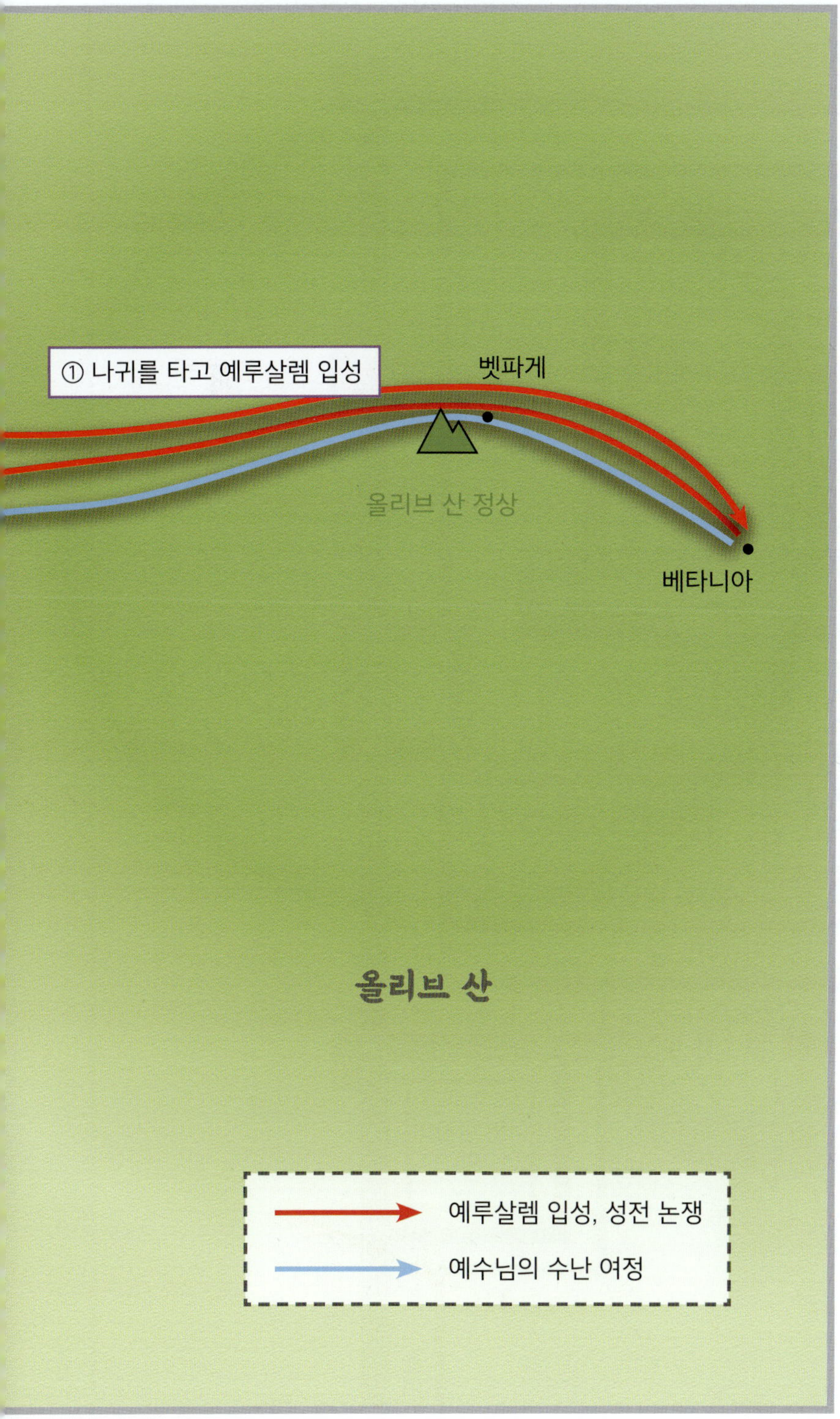

① 나귀를 타고 예루살렘 입성
벳파게
올리브 산 정상
베타니아
올리브 산
예루살렘 입성, 성전 논쟁
예수님의 수난 여정

헬레니즘 제국
▼
로마 제국
마태오 복음서
마르코 복음서
루카 복음서
요한 복음서
▼
중세 시대
▼

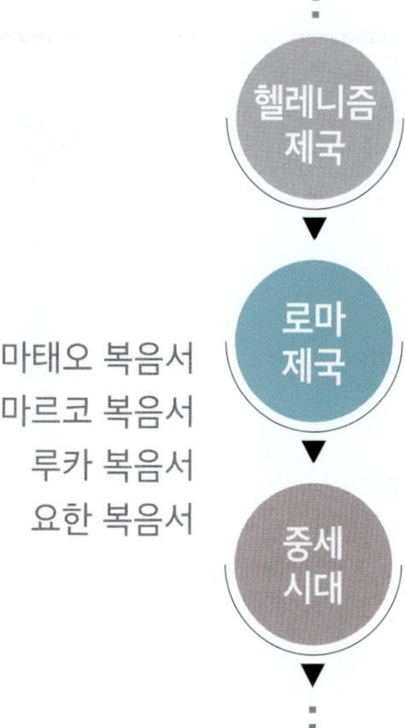

▶ 십자가를 지고 가시는 예수님

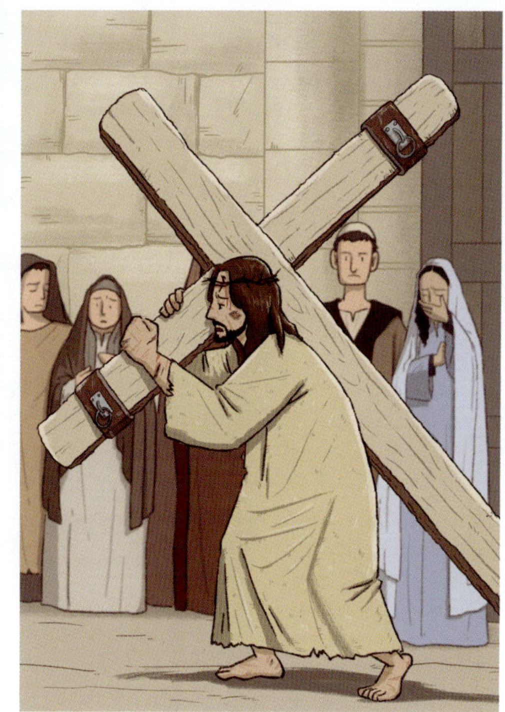

성전 경비병들은 예수님을 대사제 카야파의 장인 한나스의 집으로 데려갑니다. 그곳에서 대사제들은 예수님을 신문하고 총독인 본시오 빌라도에게 데려갑니다. 총독은 예수님이 갈릴래아 사람임을 알고 마침 예루살렘에 와 있던 갈릴래아 영주 헤로데 안티파스에게 보냅니다. 헤로데는 예수님을 신문한 뒤에 죄를 찾지 못하겠다며 총독에게 되돌려보냅니다. 빌라도는 유다인의 소요를 두려워한 나머지 예수님을 십자가에 못 박으라고 내어 줍니다. 십자가형은 성 밖 골고타라는 곳에서 이루어졌는데, 그곳까지 예수님께서는 십자가를 지고 가셔야 했습니다. 그리고 십자가에 못 박히신 주님께서는 가장 완전한 제사를 이루시어 우리를 구원하셨습니다.

22 예수님 시대의 성전과 성소 도면

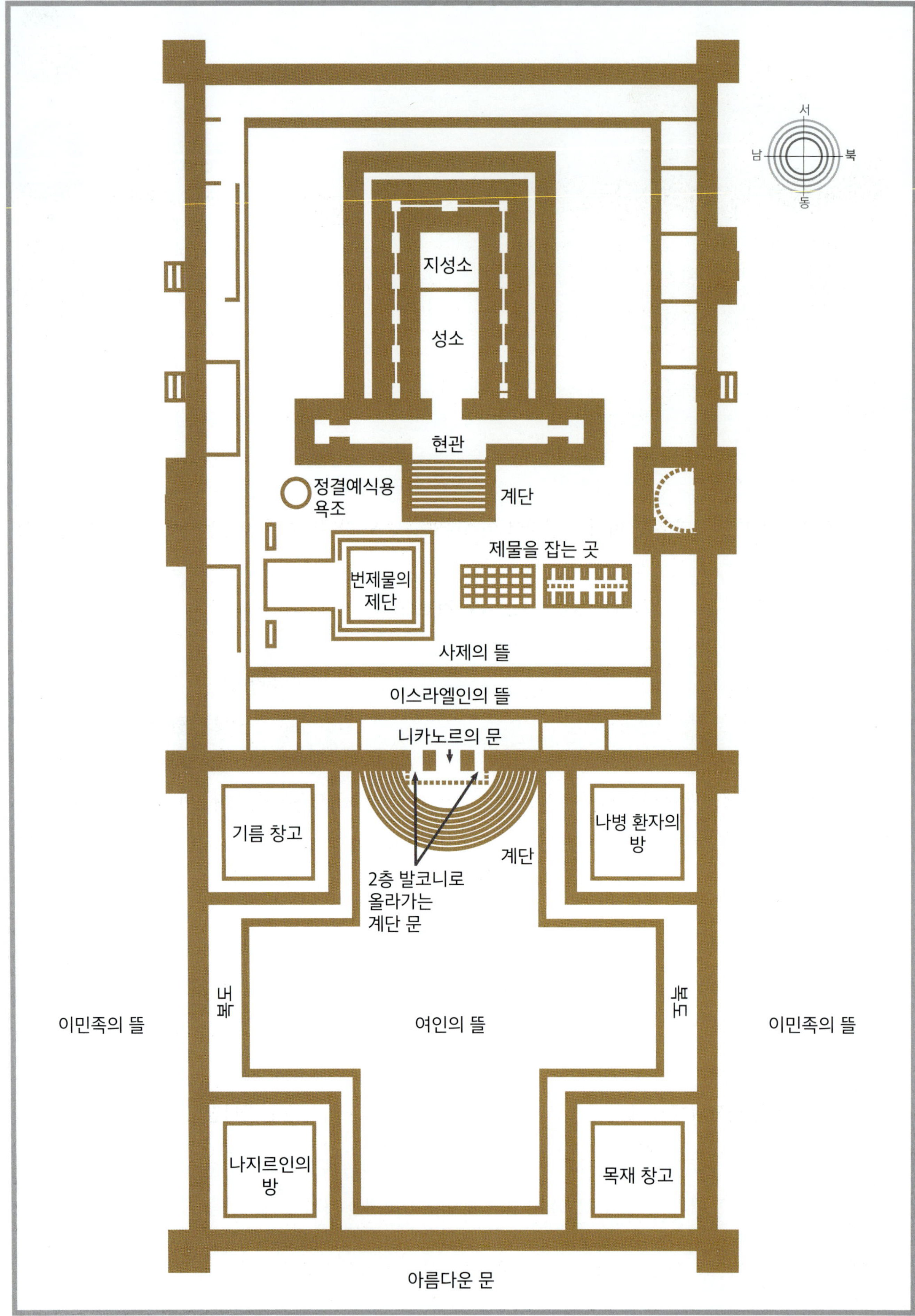

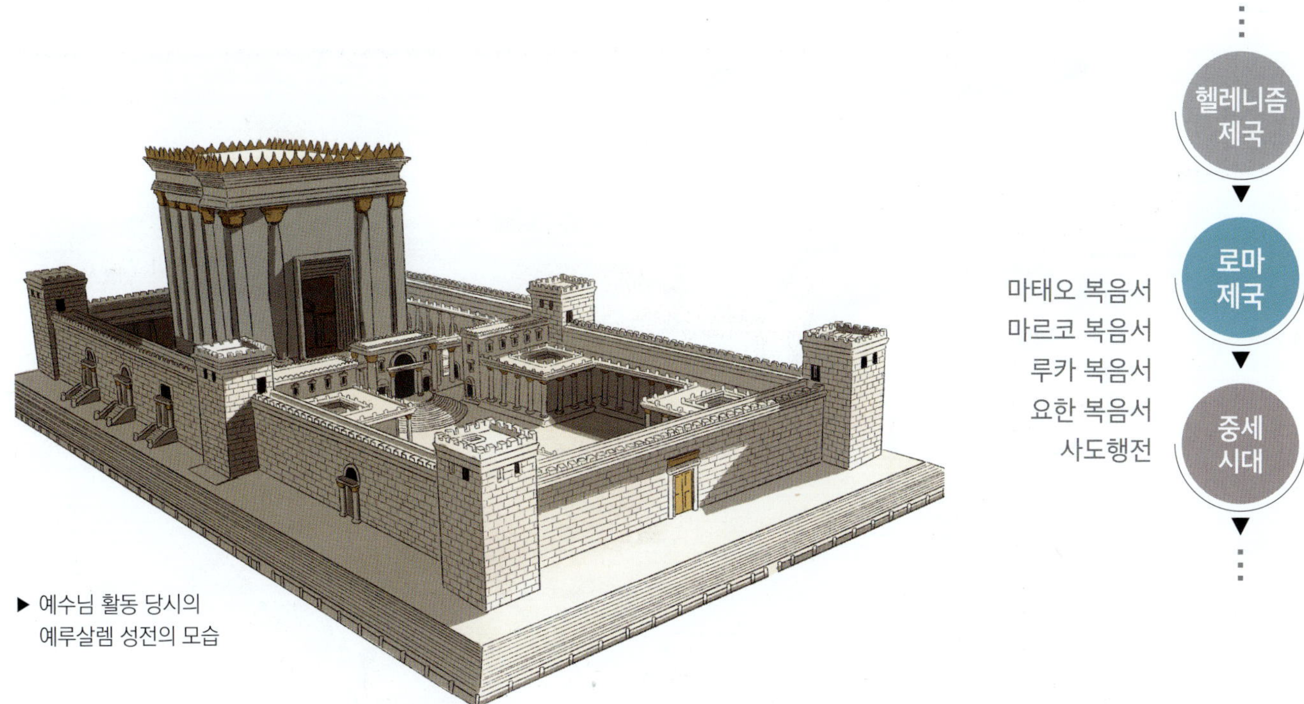

▶ 예수님 활동 당시의 예루살렘 성전의 모습

헤로데 임금은 다윗의 후손도 아니고 심지어 이스라엘 후손도 아니었기에 정통성에서 많은 비판을 받았습니다. 그런 유다인들의 불만을 잠재우기 위해 예루살렘 성전을 화려하게 증축하기 시작했습니다. 공사는 기원전 19년에 시작하였고, 주요 구조물은 10년 뒤인 기원전 9년에 완성되었으나 모든 공사를 마친 것은 서기 64년이었습니다.

광장의 북쪽은 안토니아 성채, 동쪽은 솔로몬 주랑, 그리고 남쪽은 왕실 주랑이 자리 잡고 있었습니다. 성전에는 신분에 따라 들어갈 수 있는 지역이 나뉘어 있었는데, 이스라엘 백성이 아닌 사람들은 '이민족의 뜰'이라고 불리는 광장까지만 들어갈 수 있었습니다.

성전에서는 사회에서 통용되던 화폐를 사용하지 않고 성전 세켈을 사용하였기 때문에 사람들은 환전상을 거쳐야 했습니다. 또한 상인들에게서 제물로 바칠 짐승을 구입해야 했습니다. 이들은 대사제들과 깊이 결탁되어 있었고 그 지위를 이용해 폭리를 취하곤 하였습니다. 그래서 예수님께서 이들을 내쫓으시어 성전을 정화하셨습니다.

이스라엘 사람들은 '아름다운 문'을 통해 성전 안으로 들어갈 수 있었는데, 여자들은 '여인의 뜰'에서 기다리고 있어야 했습니다. '니카노르의 문'을 지나 '이스라엘인의 뜰'까지는 일반 남성이 들어갈 수 있는 구역이고, 그 이상은 사제들만 들어갈 수 있는 구역입니다. 사제들은 사람들에게 제물을 받아서 제물을 잡는 곳에서 피를 빼고 굳기름을 잘라 낸 다음 제단에서 번제를 올렸습니다.

성전 건물 안은 하느님께서 계시는 곳으로 여겨진 '지성소'가 가장 안쪽에 자리잡고 있으며 '성소'와 '지성소' 사이는 휘장으로 구분되어 있었습니다. 사제들 가운데 제비를 뽑아 뽑힌 사람이 '성소'에 들어가 하느님께 향을 피워 올렸습니다.

80여년의 공사 끝에 완성한 성전은 10년도 지나지 않은 서기 70년에 로마군에 의해 파괴되고 맙니다. 예수님께서 "여기 돌 하나도 다른 돌 위에 남아 있지 않고 다 허물어지고 말 것이다."(마르 13,2)라고 하신 말씀대로였습니다.

23 사도 바오로의 첫 번째 선교 여행(AD 46-48년경)

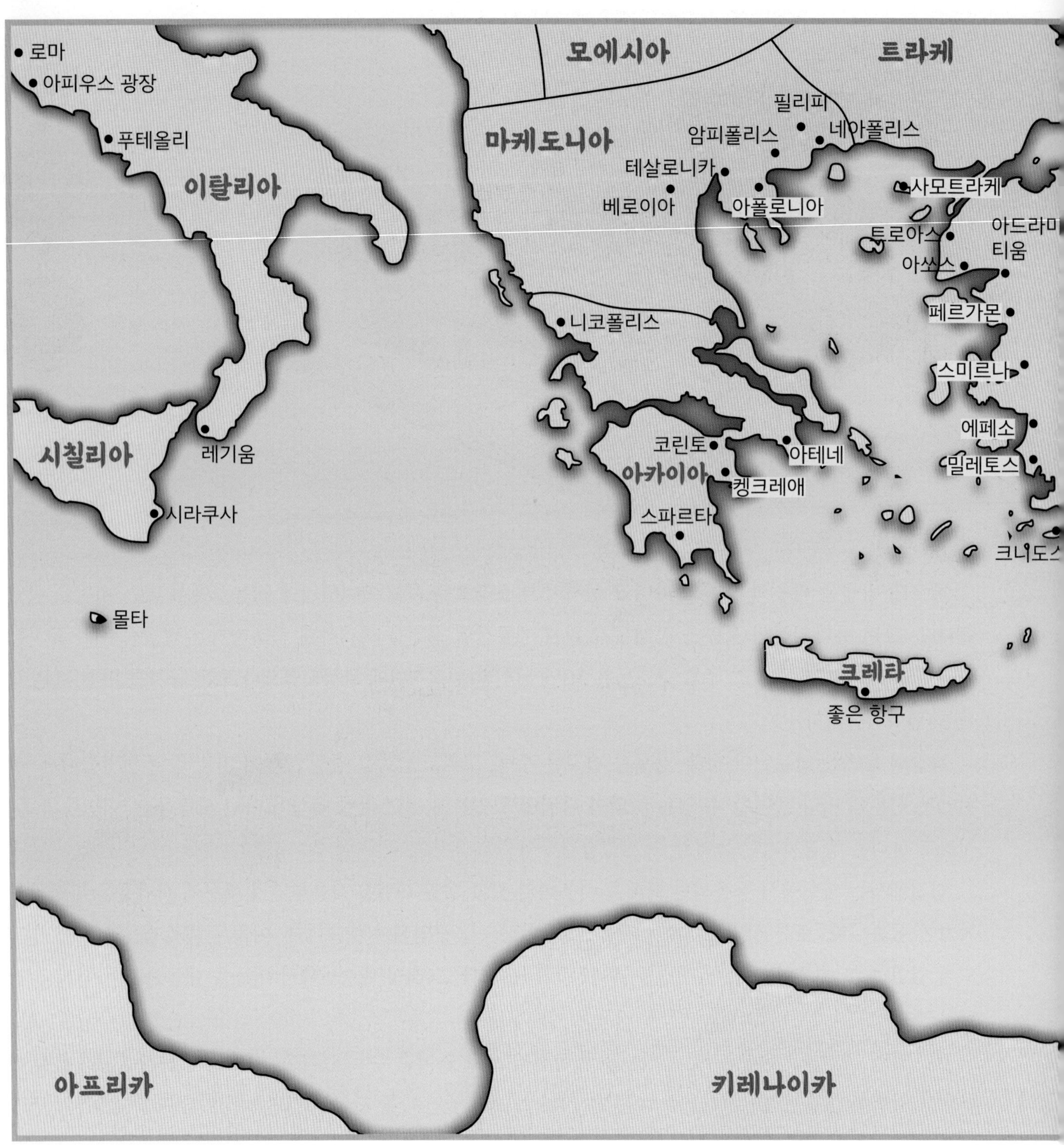

부활하신 예수님께서 승천하신 뒤 성령을 보내 주셨습니다. 성령을 받은 사도들은 담대히 부활의 기쁜 소식을 전하기 시작했습니다. 하지만 기존 체제에 대한 위협으로 여긴 유다인의 지도자들은 새로 탄생한 교회를 박해했습니다. 그 박해에 앞장섰던 인물로 젊은 바리사이인 사울을 들 수 있습니다.

하지만 주님께서는 오히려 그를 뽑으시어 이방인들을 위한 사도로 세우셨습니다. 다마스쿠스로 가는 길에서 주님을 만난 사울은 박해자에서 예수 그리스도의 복음을 선포하는 사람이 되었습니다. 사울은 유다인들에게 변절자로 미움받아 살해 위협을 받았고, 제자들에게도 박해자였던 과거 때문에 두려움의 대상이 되

비잔티움
비티니아
갈라티아
니케아
아시아
페시누스
카파도키아
복음을 전하던 중에 유다인들에게 박해를 받음
교회 공동체의 원로들을 임명
아티라
사르디스
필라델피아
라오디케이아
콜로새
이코니온
안티오키아
리스트라
1. 두 발을 쓰지 못하는 사람을 낫게 함
2. 사람들이 자신을 섬기려 하자 만류함
3. 안티오키아, 이코니온에서 온 유다인들이 돌을 던져 죽이려고 함
타르수스
데르베
페르게
아탈리아
파타라
미라
로도스
시작
종료
셀레우키아
안티오키아
시리아
살라미스
파포스
키프로스
다마스쿠스
시돈
티로
프톨레마이스
카이사리아
갈릴래아
예루살렘
유다
예루살렘 사도 회의 참석
알렉산드리아
이집트
멤피스
아라비아

▶ 부활하신 예수님을 만나 회심한 사울

었습니다. 그러나 바르나바는 사울을 받아들여 그가 다마스쿠스에서 어떻게 주님을 뵙고, 예수님의 이름으로 담대히 설교하였는지를 사도들에게 이야기해 주었습니다.

안티오키아에서 성령께서는 바르나바와 사울을 파견하셔서 그들은 길을 떠났습니다. 그들은 셀레우키아, 키프로스의 살라미스와 파포스, 팜필리아의 페르게, 피시디아의 안티오키아, 이코니온, 리스트라, 데르베 등을 거치면서 복음을 전하고 수많은 사람을 제자로 삼았습니다. 하느님의 은총으로 선교 여행을 마친 바오로 일행은 안티오키아로 돌아갔습니다. 그 후 예루살렘으로 가서 사도 회의에 참석했습니다.

24 사도 바오로의 두 번째 선교 여행(AD 50-52년경)

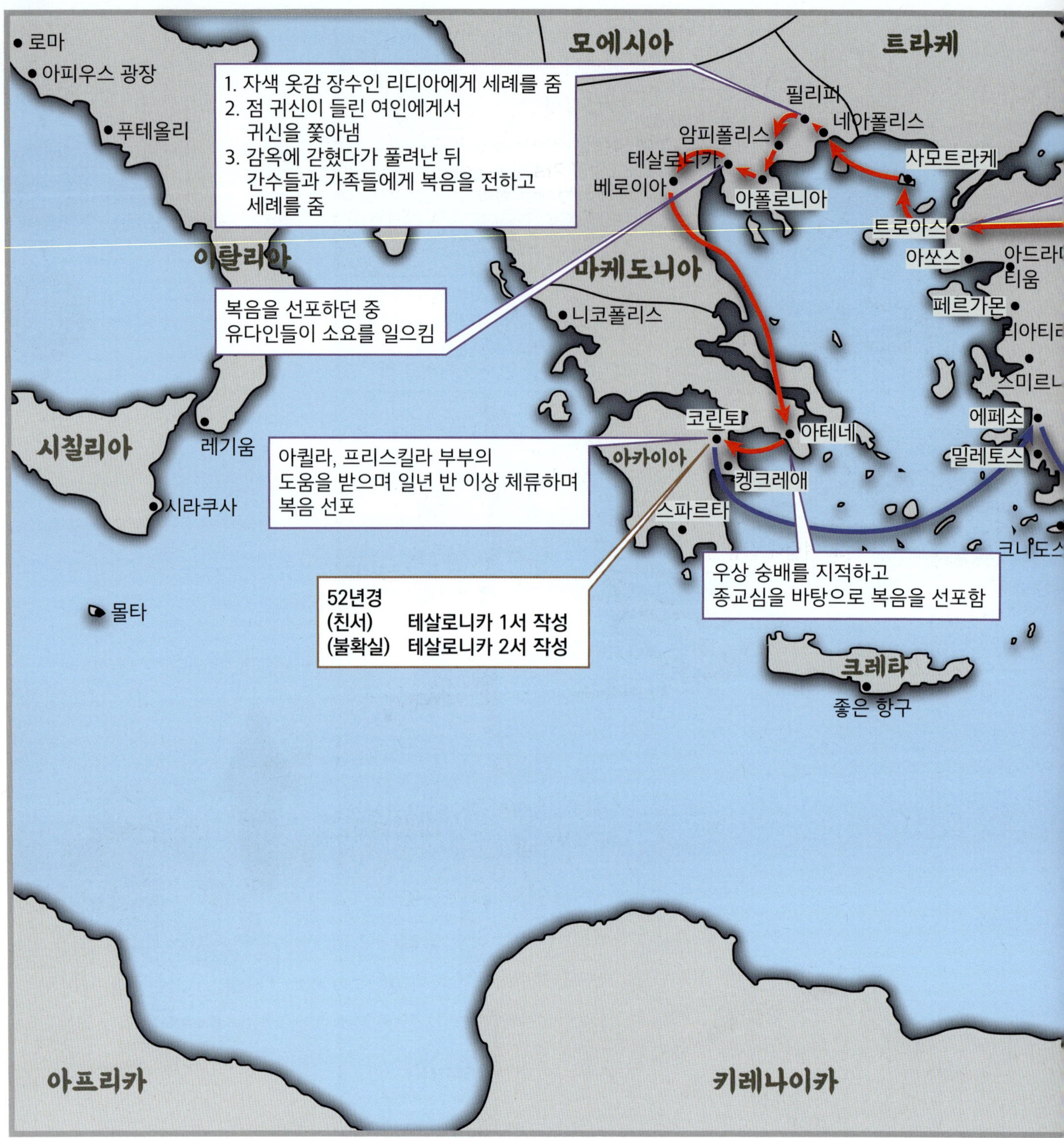

그리스도를 믿게 된 다른 민족 사람들이 율법의 규정을 지켜 할례를 받아야 하는지에 대한 문제로 예루살렘에서 사도 회의가 열립니다. 우상에게 바쳤던 제물과 피와 목 졸라 죽인 짐승의 고기와 불륜을 멀리하라는 필수 사항 외에 다른 짐을 지우지 않기로 한 사도 회의의 결정을 가지고 바오로와 바르나바는 안티오키아로 돌아가 2차 선교 여행을 시작합니다.

바오로는 복음을 전한 고을들을 다시 방문하려고 하는데, 마르코를 데려가는 문제로 바르나바와 갈라서게 됩니다. 바르나바는 마르코를 데리고 키프로스로 떠났고, 바오로는 실라스와 함께 여정을 시작합니다. 그

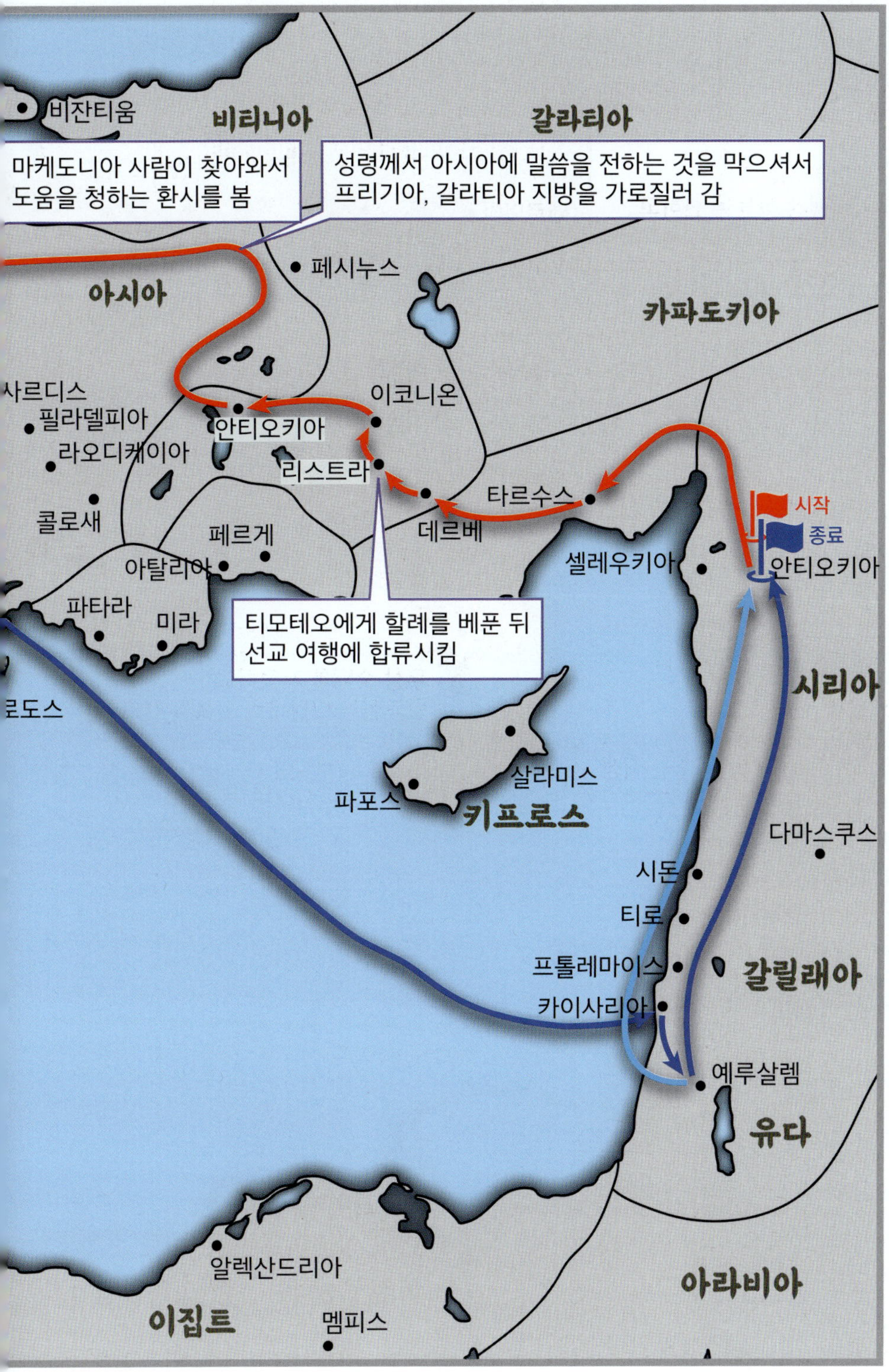

비잔티움
비티니아
갈라티아
마케도니아 사람이 찾아와서 도움을 청하는 환시를 봄
성령께서 아시아에 말씀을 전하는 것을 막으셔서 프리기아, 갈라티아 지방을 가로질러 감
페시누스
아시아
카파도키아
사르디스
필라델피아
라오디케이아
안티오키아
이코니온
리스트라
타르수스
데르베
콜로새
페르게
아탈리아
시작
종료
셀레우키아
안티오키아
파타라
미라
티모테오에게 할례를 베푼 뒤 선교 여행에 합류시킴
로도스
시리아
살라미스
파포스
키프로스
다마스쿠스
시돈
티로
프톨레마이스
갈릴래아
카이사리아
예루살렘
유다
알렉산드리아
이집트
멤피스
아라비아

헬레니즘 제국
▼
로마 제국
사도행전
테살로니카 1서
▼
중세 시대

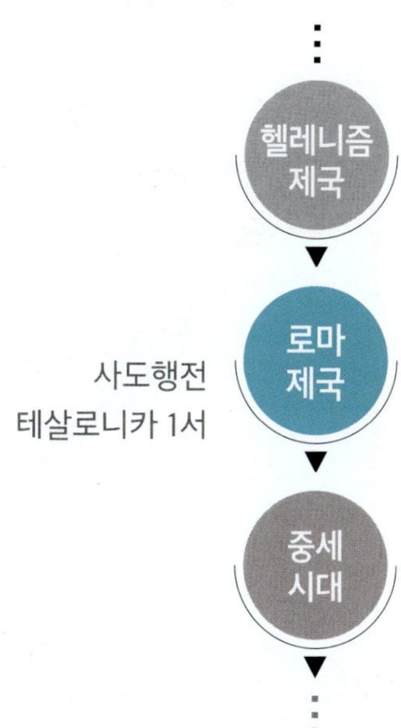

▶ 아테네 신전 앞에서 참하느님을 알려 주는 바오로 사도

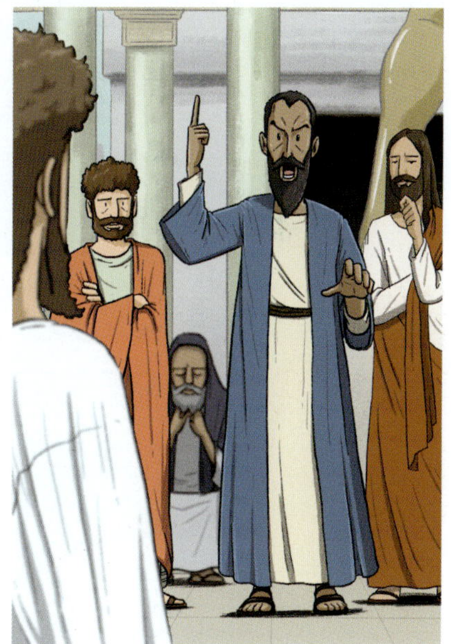

들은 데르베를 거쳐 리스트라로 갔는데, 그곳에서 티모테오를 만나 함께 여행을 떠납니다.

트로아스에서 바오로는 환시를 보고 마케도니아로 넘어가서 필리피, 테살로니카, 베로이아, 아테네, 코린토 등 헬레니즘 문화의 중심지에서 복음을 선포하였습니다. 바오로는 곳곳에 있는 유다인들의 회당에서도 복음을 선포하였지만, 하느님을 전혀 모르는 사람들에게도 그들의 종교심을 바탕으로 하느님의 구원 계획을 알렸습니다. 바오로는 에페소로 건너갔다가 카이사리아를 통해 예루살렘으로 올라가 교회에 인사한 다음 안티오키아로 갔습니다.

25 사도 바오로의 세 번째 선교 여행(AD 53-58년경)

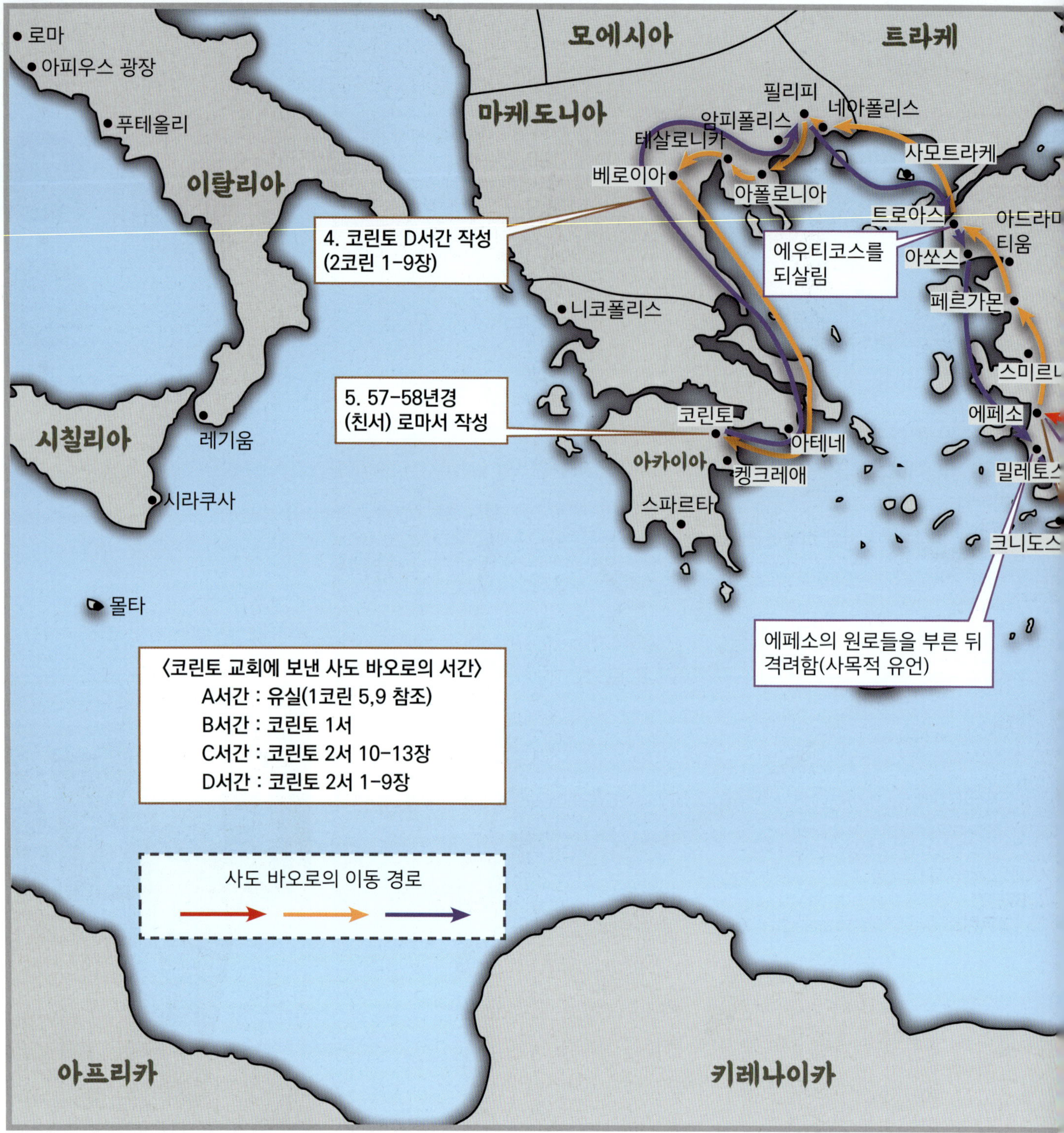

안티오키아로 돌아오고 얼마 뒤 바오로는 다시 길을 떠납니다. 갈라티아 지방과 프리기아 지방을 다니며 신자들을 격려하였습니다. 에페소에 도착한 바오로는 몇몇 제자들이 요한의 세례만을 받고 성령을 받지 못한 것을 보고 주 예수님의 이름으로 그들에게 세례를 주고 안수합니다. 그러자 성령께서 그들에게 내렸습니다. 바오로는 에페소에서 두 해 가량 머물렀는데, 그동안에 아시아 지역에 복음이 널리 퍼졌습니다.

바오로는 마케도니아를 거쳐 그리스까지 갔습니다. 여정 중에 바오로는 그곳 신자들을 격려하곤 했습니다. 그리스에서 석 달을 지낸 뒤 배를 타고 시리아로 가려고 했지만, 사정이 생겨 마케도니아를 거쳐 돌아가

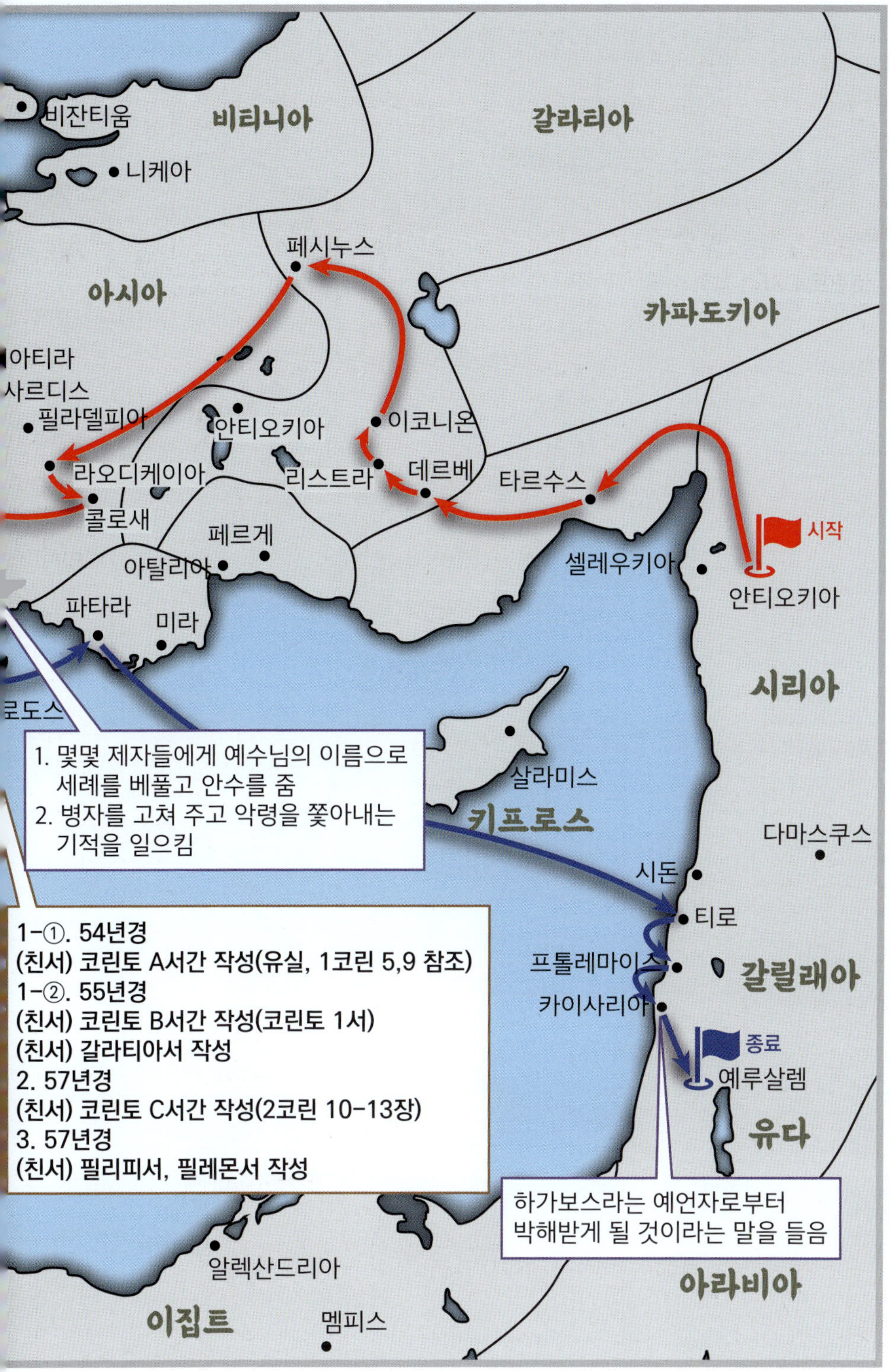

비잔티움
비티니아
갈라티아
니케아
페시누스
아시아
카파도키아
아티라
사르디스
필라델피아
안티오키아
이코니온
라오디케이아
리스트라
데르베
타르수스
콜로새
페르게
시작
아탈리아
셀레우키아
안티오키아
파타라
미라
시리아
로도스
1. 몇몇 제자들에게 예수님의 이름으로 세례를 베풀고 안수를 줌
2. 병자를 고쳐 주고 악령을 쫓아내는 기적을 일으킴
살라미스
키프로스
다마스쿠스
시돈
티로
1-①. 54년경
(친서) 코린토 A서간 작성(유실, 1코린 5,9 참조)
1-②. 55년경
(친서) 코린토 B서간 작성(코린토 1서)
(친서) 갈라티아서 작성
2. 57년경
(친서) 코린토 C서간 작성(2코린 10-13장)
3. 57년경
(친서) 필리피서, 필레몬서 작성
프톨레마이스
갈릴래아
카이사리아
종료
예루살렘
유다
하가보스라는 예언자로부터 박해받게 될 것이라는 말을 들음
알렉산드리아
아라비아
이집트
멤피스

헬레니즘 제국
▼
로마 제국
▼
중세 시대
▼

사도행전
로마서
코린토 1, 2서
갈라티아서
필리피서
필레몬서

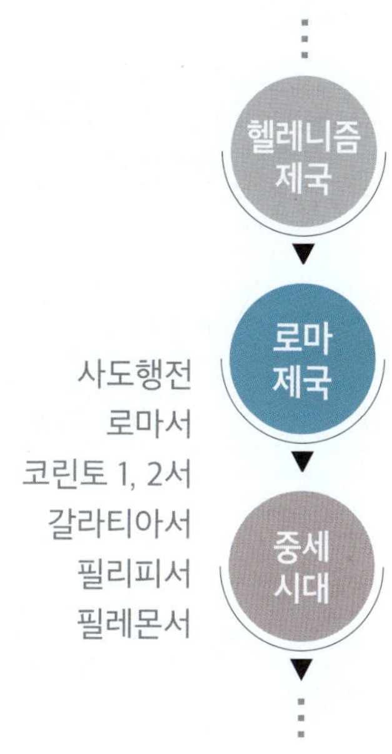

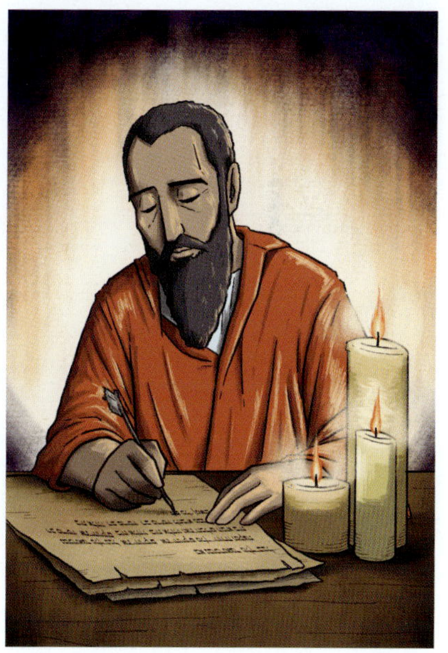

▶ 교회 공동체에 보낼 서간을 작성하는 사도 바오로

게 되었습니다. 아쏘스에서 배를 탄 바오로는 오순절에는 예루살렘에 있으려고 에페소에는 들르지 않고 밀레토스로 넘어갔습니다. 그래도 에페소 신자들을 생각해서 에페소 교회의 원로들을 불러 작별 인사를 합니다. 예루살렘에서 겪게 될 고난을 알고 있었기 때문입니다.

바오로 일행은 로도스에서 페니키아로 가는 배를 타고 티로로 갔습니다. 티로에 내린 일행은 제자들을 찾아내어 잠시 머물렀습니다. 프톨레마이스를 거쳐 카이사리아에 도착한 바오로는 하가보스라는 예언자에게 예루살렘에서 겪게 될 일을 듣게 됩니다.

사도 바오로의 로마 선교(AD 58-63년경)

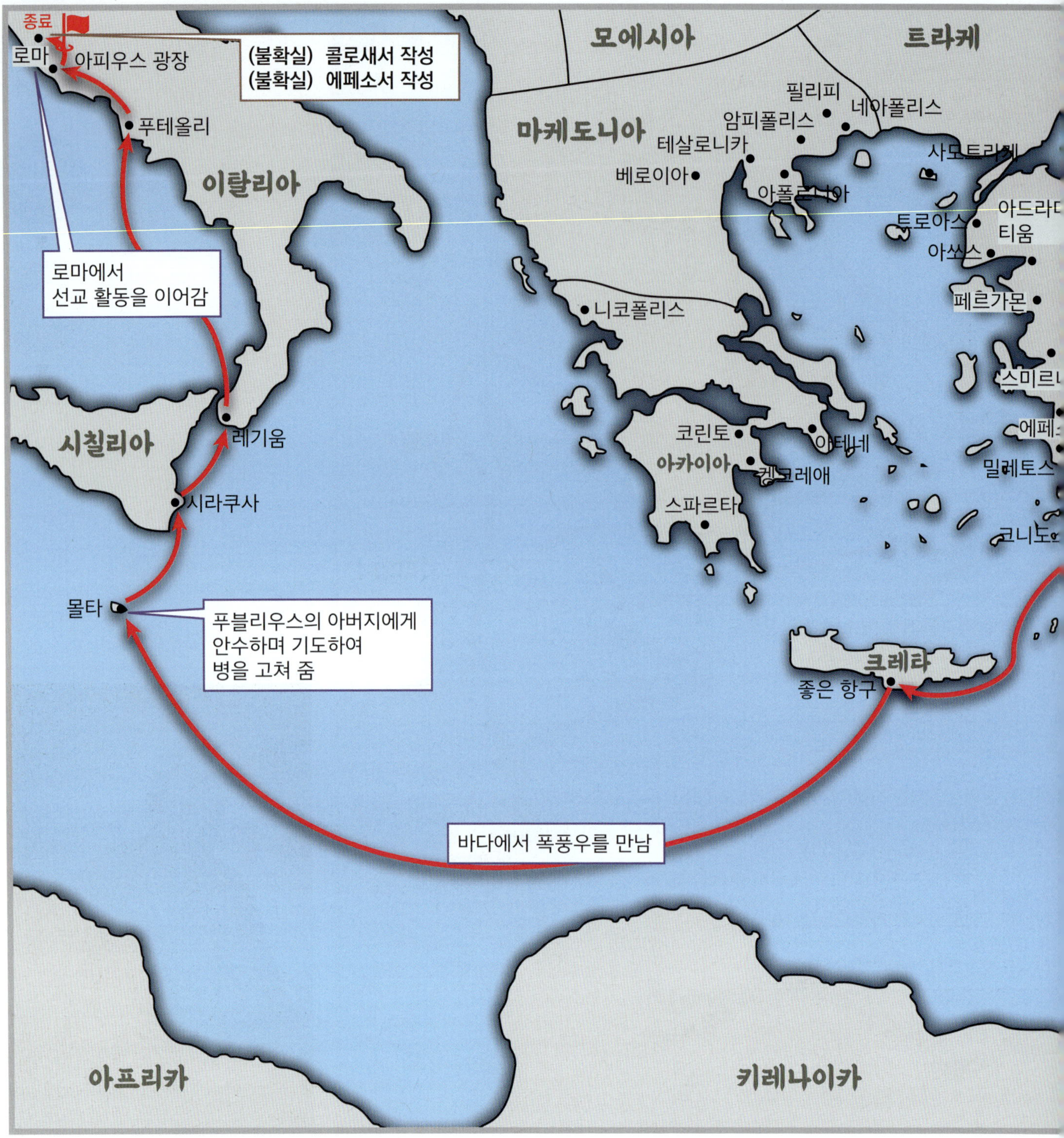

예언자의 말을 듣고 사람들은 바오로에게 예루살렘으로 가지 말라고 간곡히 권했습니다. 하지만 바오로는 단념하지 않고 예루살렘으로 떠났습니다. 예루살렘에서 야고보와 다른 원로들을 만난 바오로는 자신의 직무 수행을 통해 다른 민족들에게 하신 하느님의 일들을 낱낱이 이야기하였습니다.

정결 예식을 하러 성전에 들어간 바오로를 보고 아시아에서 온 유다인들이 군중을 선동하여 그를 붙잡아 죽이려고 하였습니다. 이 소동에 출동한 로마 군사들에게 연행된 바오로는 천인대장 앞에서 자신을 변호하며 로마 시민권을 행사하였습니다. 바오로는 총독이 주재하는 카이사리아로 호송되어 그곳 감옥에 갇힙니

헬레니즘 제국
▼
로마 제국
사도행전
콜로새서
티모테오 2서
히브리서
▼
중세 시대
▼

비잔티움
비티니아
갈라티아
니케아
페시누스
아시아
카파도키아
티아티라
사르디스
필라델피아
안티오키아
이코니온
라오디케이아
리스트라
데르베
타르수스
콜로새
페르게
아탈리아
셀레우키아
안티오키아
파타라
미라
로도스
시리아
살라미스
파포스
키프로스
다마스쿠스
시돈
티로
프톨레마이스
갈릴래아
카이사리아
시작
예루살렘
유다
1. 성전에서 유다인들과 분쟁이 발생하고 천인대장에게 체포됨
2. 자신의 신앙 체험을 밝히며 변론한 뒤 로마 시민권을 행사함
알렉산드리아
이집트
멤피스
아라비아

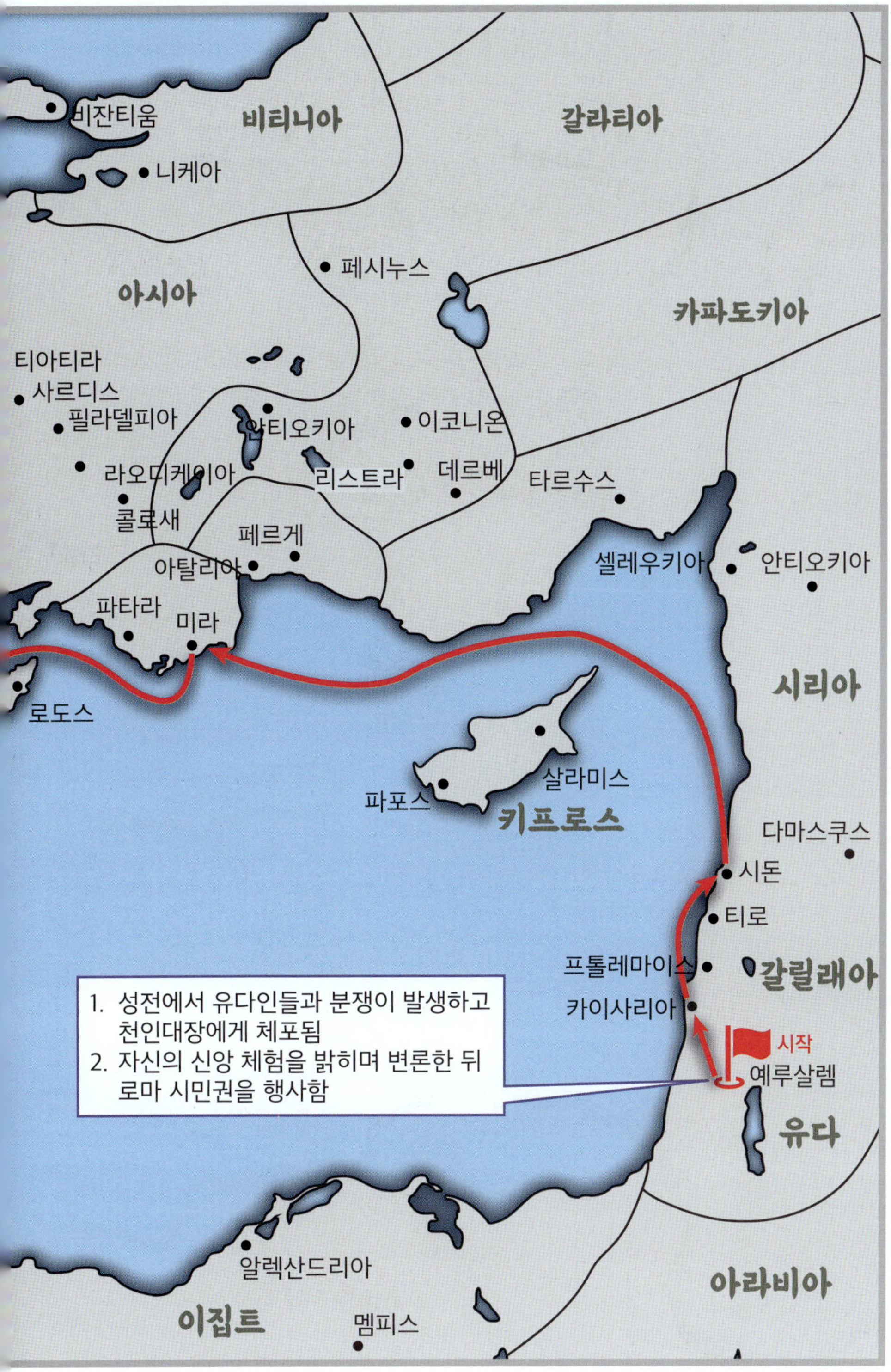

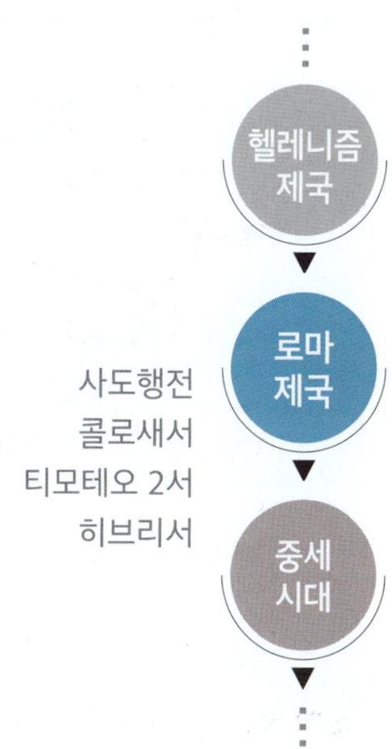

▶ 로마 황제 앞에서 당당히 신앙을 증거하는 사도 바오로

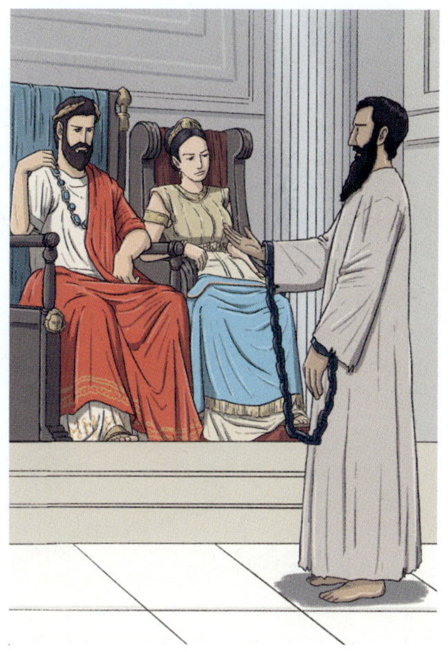

다. 펠릭스 총독은 유다인들의 환심을 사려고 바오로를 가둬 놓았습니다.

두 해가 지나 페스투스가 유다 총독으로 부임하자 수석 사제들과 유다인들의 유력자들이 바오로에 대한 소송을 제기하였습니다. 그러자 바오로는 황제에게 상소하여 로마로 가게 됩니다. 로마로 가는 길은 험난했습니다. 크레타 섬을 떠난 배는 폭풍을 만나 여러 날을 표류하다 몰타 섬에 난파하고 말았습니다. 바오로는 그곳에서 수령인 푸블리우스의 아버지를 낫게 하는 등 여러 기적을 일으켰습니다. 몰타에서 겨울을 지낸 뒤 바오로는 로마에 무사히 도착하였습니다.

27 교회의 성장 : 초세기 그리스도교

사도들과 제자들의 노력으로 그리스도교는 세상 곳곳으로 전파되었습니다. 그리스도교를 기꺼이 받아들인 사람들도 있지만, 거부하고 박해하는 사람들도 많았습니다. 로마는 원래 다신교를 믿는 데다 황제를 신격화하여 제국의 통합을 꾀하였기 때문에 황제 숭배를 거부한 그리스도인들은 모진 박해를 받았습니다. 이 때문에 상당한 수의 신자들이 믿음을 잃어버렸습니다.

교회가 겪은 어려움에는 외부의 위협만 있었던 것은 아닙니다. 초기 교회는 예수님께서 곧 영광스러운 모습으로 다시 오시리라 기대했습니다. 하지만 그날이 오지 않고 세상을 떠나는 사람들이 늘어나자 희망을 잃

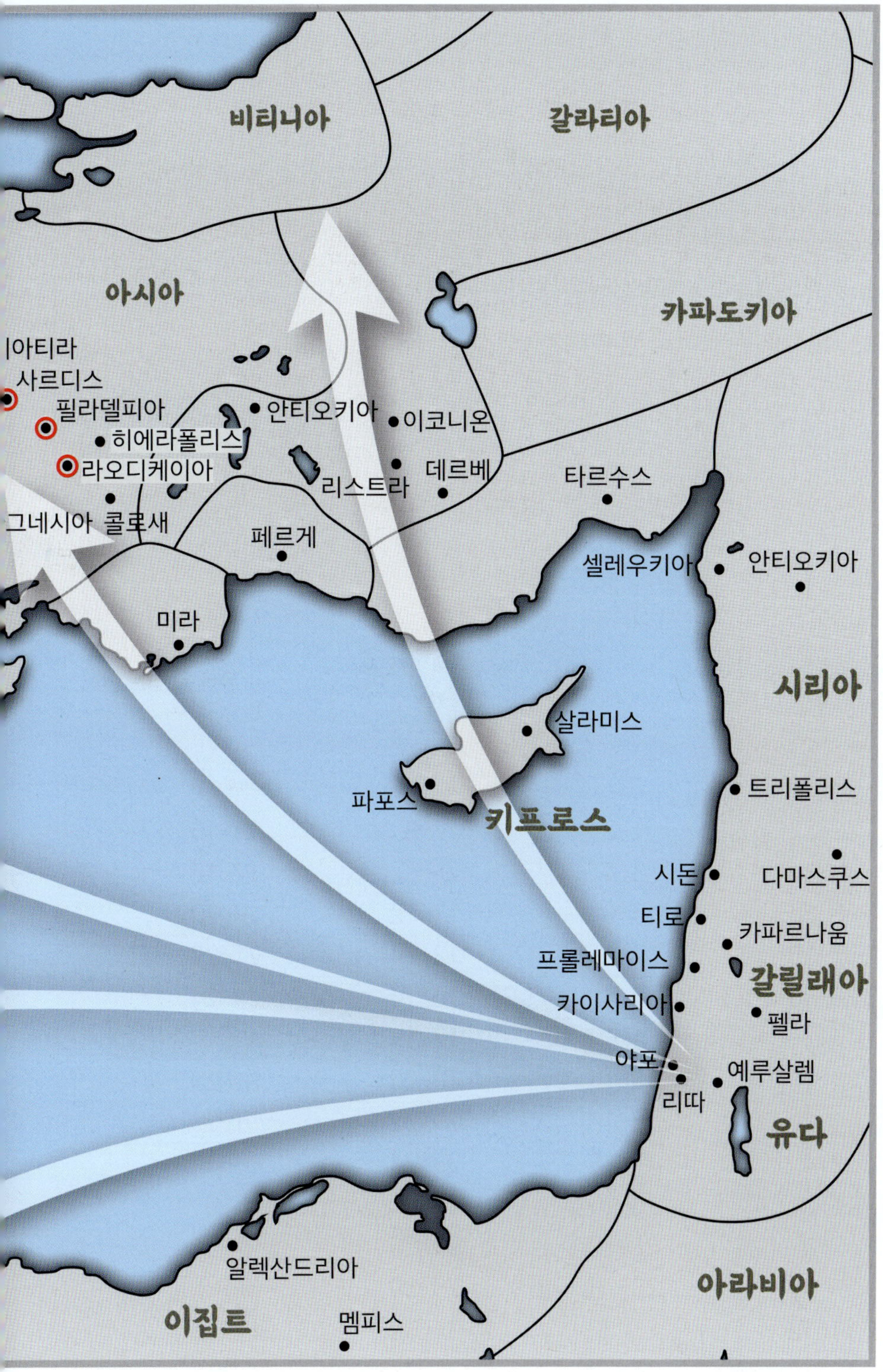

⋮
헬레니즘 제국
▼
로마 제국
▼
중세 시대
▼
⋮

에페소서
테살로니카 2서
티모테오 1서
티토서
히브리서
야고보 서간
베드로 1, 2서
요한 1, 2, 3서
유다 서간
요한 묵시록

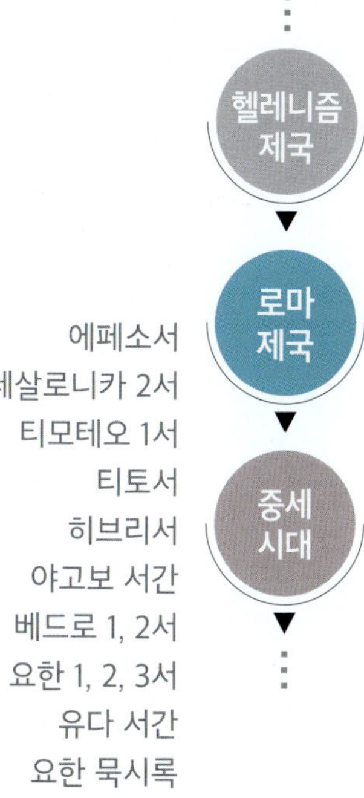

▶ 다른 민족 사람들에게 복음을 전하는 사도들

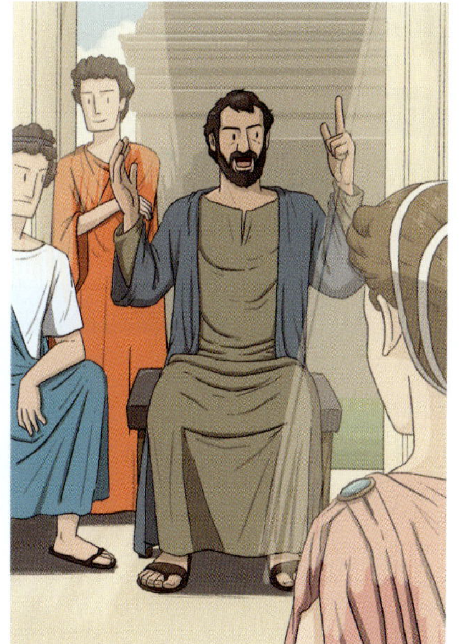

어버리는 사람들이 생겨났습니다. 또한 인간적인 약점으로 인한 분열, 시기, 질투 등 공동체 내부에서 생기는 문제들도 있었습니다. 그래서 사도들은 교우들의 공동체를 직접 방문하거나 편지를 써 보내 신자들이 그리스도께 충실하도록 격려하였습니다. 신약 성경의 서간들에는 그러한 사도들의 노력이 담겨 있습니다.

요한은 신약의 예언서라 할 수 있는 묵시록을 썼습니다. 그가 환시로 본 선과 악의 싸움 속에서 그리스도인들이 환난과 고통을 겪기도 하겠지만, 마침내 올 하느님 나라, 새 예루살렘에서 영광을 누리게 되리라는 이야기는 신자들이 마주하고 있는 박해를 이겨 낼 수 있도록 힘을 북돋워 줍니다.

성경 통독표

이 표에 따라 2년간 매일 성경을 읽으면 신·구약 성경을 완독할 수 있습니다. 성경의 각 권을 시작하는 첫날, 아래의 영상 강의 QR 코드나 서울대교구 사목국 유튜브 채널 또는 사목국 홈페이지(http://www.samok.or.kr)에서 영상 강의를 시청하고, 다음날부터 해당 성경 말씀을 읽은 후 날짜를 적습니다.

[영상 강의 바로가기]

구약 성경	
장	월/일
창세기	
영상강의	/
1-2	/
3-4	/
5-6	/
7-8	/
9-10	/
11-12	/
13-14	/
15-16	/
17-18	/
19-20	/
21-22	/
23-24	/
25-26	/
27-28	/
29-30	/
31-32	/
33-34	/
35-36	/
37-38	/
39-40	/
41-42	/
43-44	/
45-46	/
47-48	/
49-50	/
탈출기	
영상강의	/
1-2	/
3-4	/
5-6	/
7-8	/
9-10	/
11-12	/
13-14	/
15-16	/
17-18	/
19-20	/
21-22	/
23-24	/
25-26	/
27-28	/
29-30	/
31-32	/
33-34	/
35-36	/
37-38	/
39-40	/
레위기	
영상강의	/
1-2	/
3-4	/
5-6	/
7-8	/
9-10	/
11-12	/
13-14	/
15-16	/
17-18	/
19-20	/
21-22	/
23-24	/
25-26	/
27	/
민수기	
영상강의	/
1-2	/
3-4	/
5-6	/
7-8	/
9-10	/
11-12	/
13-14	/
15-16	/
17-18	/
19-20	/
21-22	/
23-24	/
25-26	/
27-28	/
29-30	/
31-32	/
33-34	/
35-36	/
신명기	
영상강의	/
1-2	/
3-4	/
5-6	/
7-8	/
9-10	/
11-12	/
13-14	/
15-16	/
17-18	/
19-20	/
21-22	/
23-24	/
25-26	/
27-28	/
29-30	/
31-32	/
33-34	/
여호수아기	
영상강의	/
1-2	/
3-4	/
5-6	/
7-8	/
9-10	/
11-12	/
13-14	/
15-16	/
17-18	/
19-20	/
21-22	/
23-24	/
판관기	
영상강의	/
1-2	/
3-4	/
5-6	/
7-8	/
9-10	/
11-12	/
13-14	/
15-16	/
17-18	/
19-20	/
21	/
룻기	
영상강의	/
1-2	/
3-4	/

사무엘기 상권

영상강의	/
1-2	/
3-4	/
5-6	/
7-8	/
9-10	/
11-12	/
13-14	/
15-16	/
17-18	/
19-20	/
21-22	/
23-24	/
25-26	/
27-28	/
29-30	/
31	/

사무엘기 하권

1-2	/
3-4	/
5-6	/
7-8	/
9-10	/
11-12	/
13-14	/
15-16	/
17-18	/
19-20	/
21-22	/
23-24	/

열왕기 상권

영상강의	/
1-2	/
3-4	/
5-6	/
7-8	/
9-10	/
11-12	/
13-14	/
15-16	/
17-18	/
19-20	/
21-22	/

열왕기 하권

1-2	/
3-4	/
5-6	/
7-8	/
9-10	/
11-12	/
13-14	/
15-16	/
17-18	/
19-20	/
21-22	/
23-24	/
25	/

역대기 상권

영상강의	/
1-2	/
3-4	/
5-6	/
7-8	/
9-10	/
11-12	/
13-14	/
15-16	/
17-18	/
19-20	/
21-22	/
23-24	/
25-26	/
27-28	/
29	/

역대기 하권

1-2	/
3-4	/
5-6	/
7-8	/
9-10	/
11-12	/
13-14	/
15-16	/
17-18	/
19-20	/
21-22	/
23-24	/
25-26	/
27-28	/
29-30	/
31-32	/
33-34	/
35-36	/

에즈라기

영상강의	/
1-2	/
3-4	/
5-6	/
7-8	/
9-10	/

느헤미야기

영상강의	/
1-2	/
3-4	/
5-6	/
7-8	/
9-10	/
11-12	/
13	/

토빗기

영상강의	/
1-2	/
3-4	/
5-6	/
7-8	/
9-10	/
11-12	/
13-14	/

유딧기

영상강의	/
1-2	/
3-4	/
5-6	/
7-8	/
9-10	/
11-12	/
13-14	/
15-16	/

에스테르기

영상강의	/
1-2	/
3-4	/
5-6	/
7-8	/
9-10	/

마카베오기 상권

영상강의	/
1-2	/
3-4	/
5-6	/
7-8	/
9-10	/
11-12	/
13-14	/
15-16	/

마카베오기 하권

1-2	/
3-4	/
5-6	/
7-8	/
9-10	/
11-12	/
13-14	/
15	/

욥기

영상강의	/
1-2	/
3-4	/
5-6	/
7-8	/
9-10	/
11-12	/
13-14	/
15-16	/
17-18	/
19-20	/
21-22	/
23-24	/
25-26	/
27-28	/
29-30	/
31-32	/
33-34	/
35-36	/
37-38	/
39-40	/
41-42	/

시편

영상강의	/
1-2	/
3-4	/
5-6	/
7-8	/
9-10	/
11-12	/
13-14	/
15-16	/
17-18	/
19-20	/
21-22	/
23-24	/
25-26	/
27-28	/
29-30	/
31-32	/
33-34	/
35-36	/
37-38	/
39-40	/
41-42	/
43-44	/
45-46	/
47-48	/
49-50	/
51-52	/
53-54	/
55-56	/
57-58	/
59-60	/
61-62	/
63-64	/
65-66	/
67-68	/
69-70	/
71-72	/
73-74	/
75-76	/
77-78	/
79-80	/
81-82	/
83-84	/
85-86	/
87-88	/
89-90	/
91-92	/
93-94	/
95-96	/
97-98	/
99-100	/
101-102	/
103-104	/
105-106	/
107-108	/
109-110	/
111-112	/
113-114	/
115-116	/
117-118	/
119-120	/
121-122	/
123-124	/
125-126	/
127-128	/
129-130	/
131-132	/
133-134	/
135-136	/
137-138	/
139-140	/
141-142	/
143-144	/
145-146	/
147-148	/
149-150	/

잠언

영상강의	/
1-2	/

3-4	/
5-6	/
7-8	/
9-10	/
11-12	/
13-14	/
15-16	/
17-18	/
19-20	/
21-22	/
23-24	/
25-26	/
27-28	/
29-30	/
31	/
코헬렛	
영상강의	/
1-2	/
3-4	/
5-6	/
7-8	/
9-10	/
11-12	/
아가	
영상강의	/
1-2	/
3-4	/
5-6	/
7-8	/
지혜서	
영상강의	/
1-2	/
3-4	/
5-6	/
7-8	/
9-10	/
11-12	/
13-14	/
15-16	/
17-18	/
19	/
집회서	
영상강의	/

1-2	/
3-4	/
5-6	/
7-8	/
9-10	/
11-12	/
13-14	/
15-16	/
17-18	/
19-20	/
21-22	/
23-24	/
25-26	/
27-28	/
29-30	/
31-32	/
33-34	/
35-36	/
37-38	/
39-40	/
41-42	/
43-44	/
45-46	/
47-48	/
49-50	/
51	/
이사야서	
영상강의	/
1-2	/
3-4	/
5-6	/
7-8	/
9-10	/
11-12	/
13-14	/
15-16	/
17-18	/
19-20	/
21-22	/
23-24	/
25-26	/
27-28	/
29-30	/

31-32	/
33-34	/
35-36	/
37-38	/
39-40	/
41-42	/
43-44	/
45-46	/
47-48	/
49-50	/
51-52	/
53-54	/
55-56	/
57-58	/
59-60	/
61-62	/
63-64	/
65-66	/
예레미야서	
영상강의	/
1-2	/
3-4	/
5-6	/
7-8	/
9-10	/
11-12	/
13-14	/
15-16	/
17-18	/
19-20	/
21-22	/
23-24	/
25-26	/
27-28	/
29-30	/
31-32	/
33-34	/
35-36	/
37-38	/
39-40	/
41-42	/
43-44	/
45-46	/

47-48	/
49-50	/
51-52	/
애가	
영상강의	/
1-2	/
3-5	/
바룩서	
영상강의	/
1-3	/
4-6	/
에제키엘서	
영상강의	/
1-2	/
3-4	/
5-6	/
7-8	/
9-10	/
11-12	/
13-14	/
15-16	/
17-18	/
19-20	/
21-22	/
23-24	/
25-26	/
27-28	/
29-30	/
31-32	/
33-34	/
35-36	/
37-38	/
39-40	/
41-42	/
43-44	/
45-46	/
47-48	/
다니엘서	
영상강의	/
1-2	/
3-4	/
5-6	/
7-8	/

9-10	/
11-12	/
13-14	/
호세아서	
영상강의	/
1-2	/
3-4	/
5-6	/
7-8	/
9-10	/
11-12	/
13-14	/
요엘서	
영상강의	/
1-2	/
3-4	/
아모스서	
영상강의	/
1-2	/
3-4	/
5-6	/
7-9	/
오바드야서	
영상강의	/
1	/
요나서	
영상강의	/
1-2	/
3-4	/
미카서	
영상강의	/
1-2	/
3-4	/
5-7	/
나훔서	
영상강의	/
1-3	/
하바쿡서	
영상강의	/
1-3	/
스바니야서	
영상강의	/
1-3	/

하까이서	
영상강의	/
1-2	/
즈카르야서	
영상강의	/
1-2	/
3-4	/
5-6	/
7-8	/
9-10	/
11-12	/
13-14	/
말라키서	
영상강의	/
1-3	/
신약 성경	
장	**월/일**
마태오 복음서	
영상강의	/
1-2	/
3-4	/
5-6	/
7-8	/
9-10	/
11-12	/
13-14	/
15-16	/
17-18	/
19-20	/
21-22	/
23-24	/
25-26	/
27-28	/
마르코 복음서	
영상강의	/
1-2	/
3-4	/
5-6	/
7-8	/
9-10	/
11-12	/
13-14	/
15-16	/

루카 복음서	
영상강의	/
1-2	/
3-4	/
5-6	/
7-8	/
9-10	/
11-12	/
13-14	/
15-16	/
17-18	/
19-20	/
21-22	/
23-24	/

요한 복음서	
영상강의	/
1-2	/
3-4	/
5-6	/
7-8	/
9-10	/
11-12	/
13-14	/
15-16	/
17-18	/
19-20	/
21	/

사도행전	
영상강의	/
1-2	/
3-4	/
5-6	/
7-8	/
9-10	/
11-12	/
13-14	/
15-16	/
17-18	/
19-20	/
21-22	/
23-24	/
25-26	/
27-28	/

로마서	
영상강의	/
1-2	/
3-4	/
5-6	/
7-8	/
9-10	/
11-12	/
13-14	/
15-16	/

코린토 1서	
영상강의	/
1-2	/
3-4	/
5-6	/
7-8	/
9-10	/
11-12	/
13-14	/
15-16	/

코린토 2서	
1-2	/
3-4	/
5-6	/
7-8	/
9-10	/
11-12	/
13	/

갈라티아서	
영상강의	/
1-2	/
3-4	/
5-6	/

에페소서	
영상강의	/
1-2	/
3-4	/
5-6	/

필리피서	
영상강의	/
1-2	/
3-4	/

콜로새서	
영상강의	/
1-2	/
3-4	/

테살로니카 1서	
영상강의	/
1-2	/
3-5	/

테살로니카 2서	
1-3	/

티모테오 1서	
영상강의	/
1-2	/
3-4	/
5-6	/

티모테오 2서	
1-2	/
3-4	/

티토서	
영상강의	/
1-3	/

필레몬서	
영상강의	/
1	/

히브리서	
영상강의	/
1-2	/
3-4	/
5-6	/
7-8	/
9-10	/
11-12	/
13	/

야고보서	
영상강의	/
1-2	/
3-4	/
5	/

베드로 1서	
영상강의	/
1-2	/
3-4	/
5	/

베드로 2서	
1-3	/

요한 1서	
영상강의	/
1-2	/
3-4	/
5	/

요한 2서, 3서	
각 1	/

유다서	
영상강의	/
1	/

요한 묵시록	
영상강의	/
1-2	/
3-4	/
5-6	/
7-8	/
9-10	/
11-12	/
13-14	/
15-16	/
17-18	/
19-20	/
21-22	/

성경을 사랑하십시오. 그러면 성경이 여러분을 보호해 줄 것입니다.
성경을 흠모하십시오. 그러면 성경이 여러분을 감싸줄 것입니다.
성경을 파고드십시오. 성경 안에서 찾으십시오.
거기서 모든 것을 다 얻을 것입니다.
성경을 모르는 사람은
하느님의 권능도, 하느님의 지혜도 모르는 사람입니다.
성경을 모르는 것은 그리스도를 모르는 것입니다.

– 성 예로니모(「편지」 130,20; 「이사야서 주해」 서문 1,2 참조)

참고 문헌

한국천주교주교회의, 《주석 성경 구약》
한국천주교주교회의, 《주석 성경 신약》
정태현, 《성서 입문 하권: 성경의 형성 과정과 각 권의 개요》, 한님성서연구소, 2012
안소근, 《구약 종주 하느님의 얼굴을 찾는 여정》, 성서와함께, 2019
안소근, 《신약 종주 예수님과 함께 걷는 여정》, 성서와함께, 2019
김혜윤, 《구약성경 통권노트》, 생활성서, 2009
이혜정, 《신약성경 통권노트》, 생활성서, 2014
엔리코 갈비아티·필리포 세라피니, 《성경 역사 지도》, 이성근 옮김, 분도출판사, 2012
마이크 보몽, 《The One-Stop Bible Guide 바이블 가이드 성경 입문》, 김효준 옮김, 생활성서, 2018
《성경 지도 성서사십주간 전정판》, 영원한도움성서연구소 편저, 성서와함께, 2011
《성경 지도》, 성서와함께 편집부 엮음, 성서와함께, 2016
《성서연대표》, 이용결 엮음, 성서와함께, 2008
《성경2.0쉬운지도》, 편집부 저, 오광만 감수, CMcreative, 2021
테리 홀, 《성경 파노라마》, 배응준 옮김, 규장, 2018
요나 아빕, 《영적 일기와 함께하는 내 하루의 성경》, 오영민 옮김, 바오로딸, 2009
성서학연구소 BIBLIA, https://biblia.co.il